IM PROFIL KÜNSTLERPORTRÄTS | **IN PROFILE** PORTRAITS OF ARTISTS

IM KÜNSTLERPORTRÄTS
PROFIL

FOTOGRAFIEN AUS 50 JAHREN
VON ERIKA SCHMIED
MIT EINEM ESSAY
VON PETRA KIPPHOFF

KERBER PhotoART

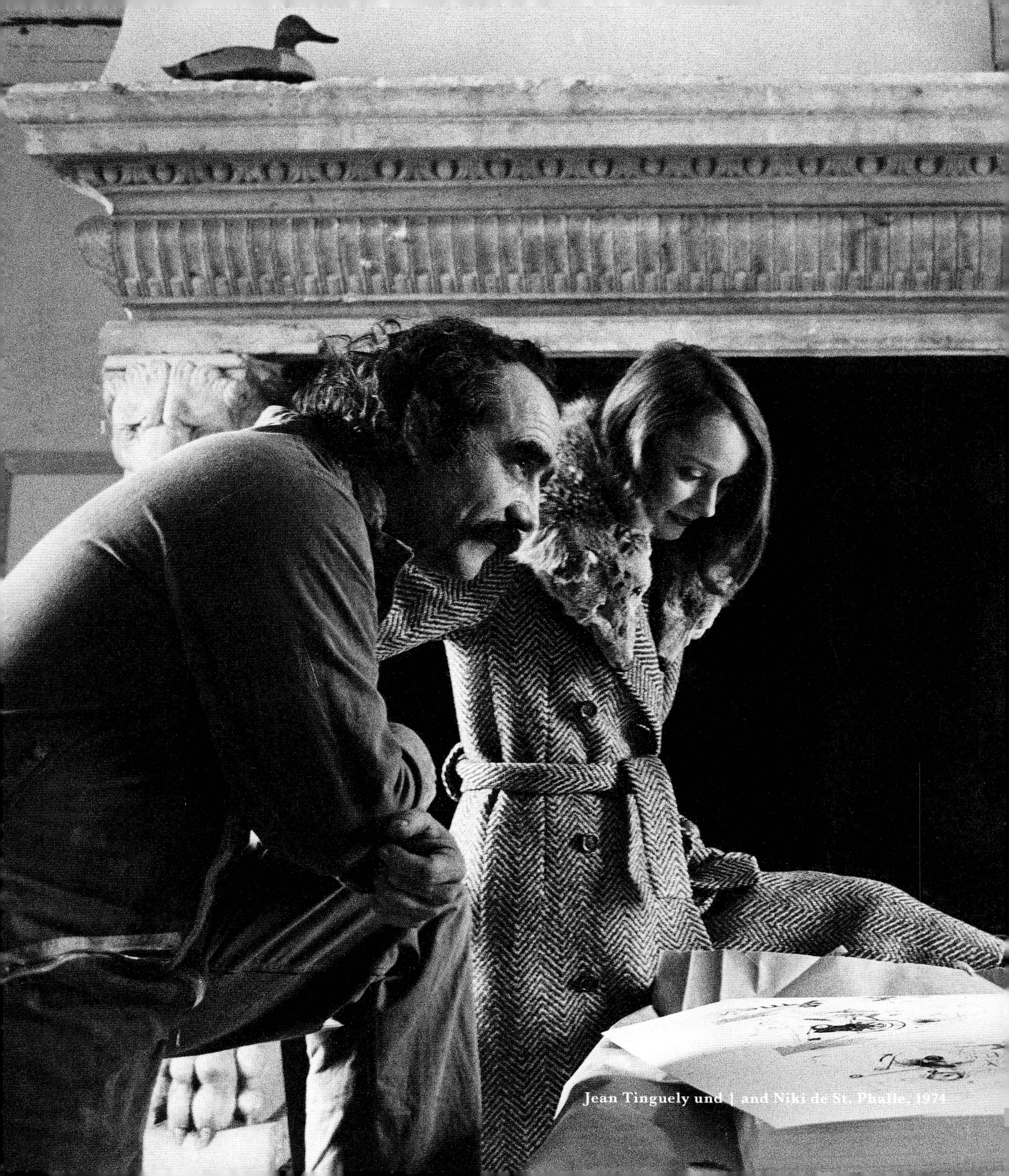

Jean Tinguely und | and Niki de St. Phalle, 1974

Petra Kipphoff

SCHARF UMRISSEN, HALB VERBORGEN

KÜNSTLER IM PROFIL

Das Profil hat, in der Realität wie in der Etymologie, eine lange Geschichte und eine wechselhafte Karriere. Das Grimmsche Wörterbuch, begonnen 1854, verweist auf die Herkunft aus dem Lateinischen filum „in der Bedeutung Gestalt, Umriß" und nennt die beiden hauptsächlichen Anwendungen. Profil ist zum einen ein Begriff aus dem Bereich der Vermessung, von der Architektur bis zur Kartografie. Und zum anderen in der Kunst eine Variante des Porträts „[...] die (gezeichnete, gemalte) Seitenansicht oder auch nur der Umrisz eines Gesichtes". Im Kontext der Kunst ist das Wort Profil auch in einer Zeit, da die Porträtmalerei abgelöst ist von der Fotografie und diese sich vornehmlich auf en face gemachte Aufnahmen konzentriert, weiterhin ein fester Begriff, eine gebräuchliche Metapher. „Im Profil" sind Zeitungskolumnen überschrieben, in denen ein neuer Fußballtrainer oder eine wackere Bürgerin vorgestellt werden. Jemand habe sich profiliert, heißt es, wenn es ihm gelungen ist, Aufmerksamkeit auf sich zu lenken. Dass er eine Profilneurose habe, wird umgekehrt dem nachgesagt, der sich allzu heftig um Anerkennung und Beifall bemüht.

Die Profilzeichnung ist, so weit die Kenntnis reicht, eines der ältesten künstlerischen Genres und verbunden mit dem frühesten Namen der Kunstgeschichte: mit Apelles, dem griechischen Maler des 4. Jahrhunderts v. Chr. und Freund Alexanders des Großen. Obwohl kein Werk von ihm erhalten ist, galt er im Mittelalter und in der Renaissance als bedeutendster Maler der Antike. In seiner *Naturkunde – Farben, Malerei, Plastik* berichtet Plinius Secundus d. Ä. (77 n. Chr.) von Apelles, dass er Bilder von so vollkommener Ähnlichkeit gemalt habe, dass man aus den Gesichtszügen die Biografie des Porträtierten ablesen und auf seine Zukunft schließen könne. Und als er, an der festlichen Tafel Alexanders, mit einem Stück erloschener Kohle nicht nur das Bildnis eines Neiders, der ihn verunglimpfen wollte, an der Wand skizzierte, sondern auch noch das für die Anwesenden erkennbare Profil des Königs Antigonos zeichnete, der ein Auge verloren hatte, da hatte er die

besonderen Möglichkeiten der Profilzeichnung präzise umrissen. „Er malte nämlich von der Seite, damit das, was dem Körper mangelte, eher der Malerei zu fehlen schien [...]"
Als eine im Umriss pointierte Charakterisierung, die sich auch zur Karikatur steigern kann, erlaubt die Profilzeichnung eine rasche Identifizierung. Zugleich aber ist das Verfahren, nur eine Gesichtshälfte ins Licht der Aufmerksamkeit zu rücken und dabei „Schäden zu verbergen", auch eine Möglichkeit, durch das Verschweigen der Defizite den Menschen zu schützen, ihn im wahrsten Sinne des Wortes von seiner guten Seite zu zeigen.

Die italienische Medaillenkunst des frühen 15. Jahrhunderts entdeckte sich im Rückgriff auf den antiken Profilbildtypus genau diesen Vorteil zur Darstellung eines prägnanten Charakters, einer Attitüde herrschaftlicher Selbstgewissheit. Antonio Pisano, genannt Pisanello, sind in den komplex gestalteten Medaillen (zum Beispiel den Köpfen des Lionello d'Este, Filippo Maria Visconti und Francesco Sforza) auf kleinstem Raum Kunststücke höchster Vollkommenheit gelungen. Mit den gemalten Porträts hat er die Kunst des Profils nobilitiert zu einem eigenen Genre und dieses, wie zum Beispiel im Halbfigurenprofil der Ginevra d'Este, um eine neue Dimension erweitert. Das Profil wurde zur offiziellen Form des Porträts. Piero della Francesca, Antonio del Pollaiuolo, Domenico Ghirlandaio und andere nutzten die Stimmung oder auch Dramatik, die das Profil zum Beispiel in der Unterscheidung von männlichem und weiblichem Gestus erlaubt, für spektakuläre Porträts wie zum Beispiel Pieros Diptychon des Federigo Montefeltro und seiner Gemahlin. Dabei wurde, wie Andreas Beyer in dem Bildband *Das Porträt in der Malerei* festgestellt hat, die „schöne Florentinerin" zu einem festen Begriff in der Malerei bis ins späte 15. Jahrhundert hinein. Schönheit und Tugendhaftigkeit schienen sich in dieser Seitenansicht ideal zu vereinen, die zwar Gesicht und Oberkörper nur im Profil zeigt, die Körpersprache jedoch in der gleichermaßen hervorgehobenen wie zarten Kontur der Brust, des Kopfes, des Nackens und Rückens durchaus wirksam zu artikulieren versteht.

Das Profilporträt „legt den Menschen auf Eindeutigkeit und Dauer fest. Es hebt ihn, schon vom Verfahren her, aus dem vergänglichen Leben heraus", schreibt Gottfried Boehm in seiner Untersuchung *Bildnis und Individuum* und erwähnt in diesem Zusammenhang auch, dass der Betrachter auf Distanz gehalten wird, die Möglichkeit des Dialogs zwischen dem Profilbild und seinem Betrachter also ausgeschlossen ist. Vielleicht ist auch das ein Grund dafür, dass dieses Genre eine florentinische und eine italienische Vorliebe war und blieb. Die niederländischen und deutschen Künstler wie Jan van Eyck, Robert Campin und Albrecht Dürer zeigten den Menschen bevorzugt en face oder in Dreiviertelsicht. Zu einer späteren Zeit, als die eine wie die andere Möglichkeit des Porträts nicht mehr eine Frage der mentalen Geografie war, malte Rembrandt, der den Protagonisten des biblischen Geschehens ebenso ein Gesicht verlieh wie den Menschen seiner Umgebung, nur ein einziges Mal ein großes Profilporträt. Es zeigt Saskia van Uylenburgh, seine erste, früh verstorbene Frau. Ihre kostbaren Gewänder treten partienweise aus dem dunklen Hintergrund hervor, über einer kühn aufgesetzten Hutkrempe biegt sich eine flauschige Feder, aber nur auf der hellen Haut des scharf konturierten Gesichts ruht das volle, warme Licht.

Im 18. Jahrhundert, das einerseits von der philosophischen Aufklärung beschwingt, andererseits dem wissenschaftlichen Impetus zugeneigt ist, wird das Profil durch Johann Kaspar Lavater, den umtriebigen Schweizer Pfarrer und philosophischen Schriftsteller, zum Thema für die höheren Kreise, Johann Wolfgang von Goethe eingeschlossen. Lavaters vierbändige Publikation *Physiognomische Fragmente zur Beförderung der Menschenkenntniß und Menschenliebe* (1775/78) beginnt mit der Feststellung, durch nichts sei „der Menschencharakter besser zu erkennen als durch Umriss und Profil". Im Anblick des menschlichen Umrisses, in der Reduktion auf das Wesentliche und Eindeutige, lässt sich, so Lavater, das Entscheidende über die Seele erkennen, was auch immer das oder diese sein mag. Und recht eigentlich meinte er ja auch die Moral, den Charakter. Der eigensinnige Pfarrer traf bei den Zeitgenossen, die gerade den Scherenschnitt übten und als Gesellschaftsspiel, zu einem Flirt oder auch als Mittel möglicher Erkenntnis betrieben, auf Neugierde und Enthusiasmus. Man lieferte ihm zu, korrespondierte, besuchte sich. Aber für Lavater war die Physiognomik kein Zeitvertreib mit schwankender Bedeutung, sondern eine Wissenschaft, für die er Belege sammelte. Rund 22 000 Blätter umfasste seine Porträtkollektion, die heute in der Wiener Staatsbibliothek aufbewahrt wird.

Die Physiognomik mit ihrer Feststellung individueller Konstanten war für Lavater die Möglichkeit einer, wie er meinte, wissenschaftlichen Klassifizierung des Individuums. Die seiner Vorstellung nach im Profil ablesbare Einschätzung von Intellekt, Temperament und schließlich Charakter setzte Lavater auch als Lehrstoff in überdeutlich gezeichnete Demonstrationen menschlicher Charakteristika um. In Zeichnungen wie *Klugheit* und *Dummheit* oder der Darstellung der vier Temperamente (*Phlegmaticus, Cholericus, Sanguineus, Melancholicus*) betrieb er so etwas wie eine visuelle Volkshochschule für angehende Verhaltensforscher. Wenn bei Lavater aber, frei nach seinem Bekenntnis „Religion ist mir Physiognomie, und Physiognomie Religion“, Intentionen des Theologen und Pfarrers im Vordergrund stehen, so lässt sich diese Methode im Zusammenhang privater oder öffentlicher Diffamierung und Entlarvung doch auch missbrauchen. Wie hoch die Auskunftsfähigkeit des Profils eingeschätzt wird, erhellt sich allein daraus, dass Verbrecherkarteien mit zwei Fotos geführt werden, einer frontalen und einer seitlichen Aufnahme.

Das Profil als Potenzial einer besonderen Ästhetik, zur Inszenierung einer Person und Akzentuierung ihrer Eigenart, die durch das halbe Verbergen den Reiz des Geheimnisvollen bekommt, ist von den Künstlern und Fotografen des frühen 20. Jahrhunderts wiedererkannt und genutzt worden. Als ernst und konzentriert blickender, schmaler junger Mann im weißen Hemd mit hochgestelltem Kragen hat sich der stilbewusste Heinrich Vogeler (1898) für eine Aufnahme im Profil auf einen hölzernen Stuhl gesetzt. Von Edward Steichen ist Auguste Rodin als eine mächtige, dunkle Profilfigur vor eine noch mächtigere, hellere Skulptur des Meisters gesetzt worden (1903). In der sorgfältig inszenierten Aufnahme des Baron de Meyer von George Hoyningen-Huene (1932) ist auch der befrackte Körper, Embonpoint inklusive, Teil des aus hell und dunkel scharf akzentuierten Profilporträts eines offensichtlich selbstbewussten und eitlen Mannes. Und in Man Rays Porträt von Meret Oppenheim (1933) ist die Linie des Profils noch mit einem Schatten nachgezeichnet, weichgezeichnet. Auch von seinen surrealistischen Freunden, von Paul Éluard, Marcel Duchamp, Louis Aragon und André Breton, hat Man Ray mit Vorliebe Profilfotos gemacht.

Rodin, Vogeler, de Meyer, Ray und Breton sind Antipoden in ihrem Werk, allerdings vereint in dem Wunsch nach einem wirkungsvollen und dennoch diskreten Auftritt. Den Fotografen und den Fotografierten bot das Profilporträt die perfekte und reizvolle Aufhebung des Widerspruchs von Zurschaustellen und Verbergen. Sie nutzten und genossen es. Besonders die Modefotos und Staraufnahmen der 1930er Jahre machen deutlich, was dieser Reiz, diese Qualität für eine neue Branche bedeutete. Mit mondänem Hut, fliegenden Locken oder einem abgezirkelten Bubikopfhaarschnitt konnte die Profilaufnahme das Damenhafte, das Mädchenhafte oder die Gamin-Attitüde, das in jedem Fall halb Verschwiegene und Ambivalente im Auftritt der Frau auf höchst wirkungsvolle Weise widerspiegeln. „Die schöne Florentinerin“ hatte hier ihre Nachfolgerinnen gefunden.

Erika Schmied hat seit den späten 1950er Jahren immer wieder Künstler fotografiert, eine ganze Reihe von ihnen hatte Wieland Schmied in den Ausstellungen der von ihm von 1963 bis 1974 geleiteten Kestnergesellschaft in Hannover gezeigt: unter anderen Giorgio de Chirico, Max Ernst, Richard Lindner, Asger Jorn, Mark Tobey. Die Fotos entstanden teils, um sie für die Kataloge oder Rezensionen zu nutzen, teils aber auch ohne direkte Absicht einer Publikation. Viele andere Künstler kamen hinzu, auch Schriftsteller wie Halldór Laxness, H. C. Artmann, Peter Kurzeck, vor allem aber der besondere Freund Thomas Bernhard.

Die Porträtfotos von Erika Schmied sind keine kalkulierten Inszenierungen von Mensch und Material, es sind fast beiläufig wirkende Beobachtungen. Das heißt nicht, dass Schnappschüsse gemacht wurden, die sich ja gern einer heiteren Hektik verdanken. Die meisten dieser Profilporträts haben eine atmosphärische Selbstverständlichkeit, eine Besonnenheit, manchmal Versonnenheit, die in einem Zwischenstadium ihren Ursprung haben: Vom transitorischen Temperamentsausbruch sind sie ebenso weit entfernt wie von der dauerhaften Eindeutigkeit des Renaissanceprofils. Man gewinnt den Eindruck einer freundschaftlichen Hochachtung zwischen der Fotografin und dem/der Fotografierten, eines beiderseitigen Vertrauens, einer unausgesprochenen Anerkennung der Kompetenz des anderen, auch seiner Zuverlässigkeit. Dabei wird die Grenze des Intimen nie überschritten, auch wenn sich gelegentlich spüren lässt, dass die Begegnung eine mehr oder weniger private, eine in jedem Fall entspannte war. Nie entsteht der Eindruck, dass die Fotografin, die natürlich eine Vorstellung von ihrem Gegenüber hatte, Regie geführt, die zu fotografierende Person womöglich in eine ihrem Ruf entsprechende Rolle manövriert hat. Und ebenso wenig gibt es Indizien dafür, dass der Porträtierte sich in Pose gesetzt hat. In dieser Atmosphäre des neugierigen Vertrauens und Vertrautseins sind die Profilaufnahmen entstanden, und das ist, auch über die Jahrzehnte, Generationen, Nationen und die verschiedensten Anlässe hinweg, ihr gemeinsamer Nenner.

Bei Betrachtung von Erika Schmieds Profilfotos gewinnt man den Eindruck, dass der/die Fotografierte oft gar nicht oder nur am Rande bemerkt hat, dass eine Aufnahme gemacht wurde – und also auch keine Überlegungen darüber anstellte, wie delikat diese Situation ist. Denn bei einer frontalen Aufnahme weiß der Fotografierte, was geschieht. Man kennt sein eigenes Gesicht aus dem Spiegel, kann lächeln oder es auch bleiben lassen, ist Auge in Auge mit dem Fotografen. Kann das eigene Verhalten an dem des Fotografierenden ausrichten. Der ähnlich agiert: „Bei einer en-face-Ansicht kann ich bis zur Unkenntlichkeit manipulieren – durch Licht, Standort der Kamera, Kopfhaltungen zum Beispiel“, sagt Erika Schmied. Bei der Profilaufnahme aber kann der Fotografierte die Aktivität des Fotografen nur mit dem schrägen Blick im Auge behalten oder angesichts des Ergebnisses nachverfolgen. Aber auch die zunächst größer erscheinende Macht des Fotografen ist begrenzt: „Man kann die Kopfform nicht verändern, der fehlende Hinterkopf, das fliehende Kinn, die zu kurze oder zu lange Nase sind auch durch eine besondere Beleuchtung nicht zu verändern“, erklärt Erika Schmied.

Auf den allerersten Blick ist das fotografierte Profil „ein Fall von Nase“. Jemanden wie Giorgio de Chirico kann man sofort an seiner hervorkragenden Nase erkennen, die aparterweise noch durch die Doppelflucht von Stirn und Kinn ex negativo akzentuiert wird. Bei Anni Albers vollzieht sich die Formung des Profils durch die Nase auf eine etwas fließendere Art. Ähnlich – im wahrsten Sinne des Wortes – hervorragende Nasen haben Leon Golub, Larry Rivers und Richard Lindner, wobei die beiden Letzteren sie mit einer nicht uneitlen Attitüde so hervorstrecken wie der Vogel den Schnabel. Die prominente Nase lenkt den Auftritt ihres Trägers. Beim zweiten, längeren Hinschauen ist das Profilporträt ein Fall von Körperhaltung, Kopfhaltung, Auge, Blickwinkel. Für Erika Schmied gibt die Körperhaltung erste Informationen darüber, „ob es ein introvertierter, ein herrischer, ein lebhafter, ein herzlicher oder ein eitler Typ ist.“ Bei Unica Zürn, Günter Brus und Arnulf Rainer spricht der nach unten gerichtete, bei Josef Albers

der hinter den dicken Brillengläsern kaschierte, gesenkte Blick für eine Nachdenklichkeit, die jetzt nicht gestört werden möchte. Auf die umgekehrte Weise entzieht sich der Blick nach oben dem Geschehen: Der junge Horst Janssen reckt Kopf und Stupsnase erwartungsvoll in die Höhe, die Lippen sind leicht geöffnet. Ähnlich ist die Attitüde von Katharina Fritsch, die sich aber ein kleines, witterndes Lächeln zu gönnen scheint. Der aufwärts gerichtete Blick von Ronald Kitaj erhält durch seinen üppigen Haarwuchs an Kinn und Kopf ein Air von gesundem Gottvertrauen.
Der dritte Blick fällt vielleicht auf die Accessoires, die erst beim Halbkörperprofilporträt eine Rolle spielen. Als exquisit preziöse Künstlerin zeigt sich Ursula Schultze-Bluhm, die ihre Kette spielerisch durch die Finger gleiten lässt und mit der anderen Hand elegant eine brennende Zigarette hält. Bernard Schultze, ihr Mann, steht neben einer seiner *Migof*-Skulpturen, als sei er zum Sprung bereit. Dieter Roth profiliert sich mit einer Flasche Beck's Bier.

Das Gros dieser Profilporträts zeigt allerdings weder die besonderen Inszenierungen der Natur noch die Zutaten des Menschen, sondern die Künstler aller Arten in einer alltäglichen Verfassung. Gerade hier allerdings wird die Eigenart einer Physiognomie deutlich und das sichtbar, was Erika Schmied die „durch die Körperhaltung geprägten Wesenszüge eines Menschen" nennt, vor allem, wenn sie, anders als bei der taufrischen „schönen Florentinerin", im Laufe der Zeit auch durch die Biografie ihre Vertiefung erfahren und zum Charakteristikum geworden sind. Besonders gut ist das bei Henry Moore erkennbar, der, genau wie Giorgio de Chirico und Gerhard Richter, über die Jahre hinweg mehrfach aufgenommen wurde. Immer ist und bleibt Moore der freundliche Herr mit dem diskret offenen Blick. Eine Zurückhaltung wird hier spürbar, die auch eine Frage der Generation ist. In einer dezidiert sachlichen Attitüde zeigt sich Georg Gresko. Der Maler und Grafiker der Hamburger Kunstszene der 1960er Jahre, der, anders als Horst Janssen, seinen Erfolg nicht mehr erlebte, blickt mit einer Konzentration, die auch eine Isolation ist, auf ein Gegenüber, das im Zweifelsfalle er selber ist.
Die Profilporträts der Künstlerpaare lassen weder bei Ursula und Bernard Schultze noch bei Niki de St. Phalle und Jean Tinguely den Gedanken an eine symbiotische Existenz aufkommen. Nur Nancy Spero und Leon Golub scheinen sich physiognomisch scharf akzentuiert und vielleicht auch deshalb leicht kämpferisch gegenüberzustehen.

Der Künstler und sein Werk. Niki de St. Phalle lässt sich von einer ihrer überwältigend ausladenden Nana-Figuren an die Hand nehmen wie ein kleines Mädchen. Im gleichen Schritt und Tritt mit einer barbusigen Dame auf seinem Bild zeigt sich Allan Jones: Der Künstler profiliert sich durch die Nase, das Model durch die Prominenz der spitzen Brüste. Jan Fabre, Performancekünstler und Skulpteur, posiert gut gelaunt neben einer dunkel glasierten Porträtbüste mit Hut, er sagt, es sei ein Vorfahr von ihm. Stephan von Huene, der Klangskulpturen baute, steht seiner Skulptur *Die Neue Lore Ley* so versunken zugewandt gegenüber, als führe er, von Profil zu Profil, ein intensives, aber gleichwohl höfliches Gespräch mit ihr. Dabei will sie sich doch gerade ihr goldenes Haar kämmen.

Die Fotografie sei „ein gedichtartiger Augenblick", sagte Chuck Close, Maler von haargenau verpixelten Großporträts, die von fern wie Fotos wirken. Vielleicht könnte man die Profilfotografie den „Aphorismus der Porträtfotografie" nennen. Wobei Erika Schmieds Profilporträts von der Karikatur ebenso weit entfernt sind wie von der Heroisierung. Die eine oder die andere Überakzentuierung hätte, schaut man sich die Bandbreite der von ihr fotografierten Exzentriker und Träumer, Einzelgänger und Selbstdarsteller an, gelegentlich wohl nahegelegen. Nicht zuletzt sind dieses schließlich die besonderen Optionen, die seit der Erfindung des Apelles bekannt sind und genutzt wurden. Dass sie in den hier versammelten Profilporträts nicht sichtbar werden, spricht für eine Professionalität, die sich den Luxus der Neugierde und Differenzierung leistet.

Petra Kipphoff

CLEAR CUT HALF HIDDEN,

ARTISTS IN PROFILE

The word 'profile' has had a long history and a mixed career, both in real life and with regard to its etymology. In the German Dictionary of the Brothers Grimm (1854) the word is derived from the Latin *filum*, "meaning 'form' or 'outline'", and it cites its two main applications. On the one hand, 'profile' is a term that relates to measurement, from architecture to cartography, whereas in art, on the other hand, it is a variant of portraiture, "... the (drawn, painted) side view, or just the outline of a face". Furthermore, in the context of art, the word 'profile' is an established term, a common metaphor – even in an era in which portrait painting has given way to photography and the latter concentrates primarily on full-face photographs. Newspaper columns that introduce a new football coach or a valiant citizen are dubbed 'profiles'. People are said to have 'raised their profile' when they succeed in drawing attention to themselves. Conversely, a person who strives too hard for recognition and applause is said to have a 'profile neurosis' .

As far as we can tell, profile drawing is one of the oldest artistic genres, and it is associated with the earliest name in art history – that of Apelles, the fourth century B.C. Greek painter and friend of Alexander the Great. Although none of his works has survived, the Middle Ages and the Renaissance considered him to have been the most important painter of the ancient world. In his *Natural History – Painting and Sculpture,* Pliny the Elder (77 AD) reports that Apelles painted pictures of such perfect verisimilitude that one could tell a person's life story from his facial features, and thus predict his future. Furthermore, during one of Alexander's feasts, Apelles had taken a piece of charcoal from the fireplace and drawn on the wall, producing not only a likeness of an envious guest who had insulted him, but also a profile – which all those present recognised – of King Antigonos, who had lost an eye. In so doing he clearly demonstrated the special possibilities afforded by profile drawing; "For he painted from the side, so that what the body lacked instead seemed to be missing from the painting…"

As an incisive outline of a character, which can also be turned into a caricature, the profile enables rapid identification. At the same time however the process of turning only half the face into the spotlight, thereby 'concealing damage', is also a way of protecting an individual by concealing his shortcomings, by 'showing his good side', in the literal sense of the word.

By referring to this ancient type of profile portraiture, Italian medalists of the early fifteenth century discovered how useful it was for rendering a special character, an attitude of domineering self-confidence. The complex designs for such medals by Antonio Pisano, known as Pisanello, (depicting, among others, the heads of Lionello d'Este, Filippo Maria Visconti and Francesco Sforza), succeeded in creating works of the highest perfection within a very restricted space. With these painted portraits, he raised the art of the profile to a genre in its own right, and expanded this genre by adding a new dimension, exemplified by his half-figure profile of Ginevra d'Este. The profile became the official form of portraiture. Piero della Francesca, Antonio del Pollaiuolo, Domenico Ghirlandaio and others made use of the mood and the drama, that profiles can convey, for instance, when distinguishing between male and female charactersrstics, to create spectacular paintings such as Piero's double portrait of Federigo Montefeltro and his wife. As Andreas Beyer observed in his illustrated volume *Das Porträt in der Malerei,* the 'Florentine beauty' became an established subject in painting until the late fifteenth century. Although the side view only shows the face and upper part of the body in profile, it seemed to form an ideal combination of beauty and virtue, articulating as it does the body language in the accentuated yet delicate outline of the breast, head, nape of neck, and back.

The profile portrait "defines the individual character uniquely and permanently. By the very nature of the process, it lifts him out of ephemeral life", writes Gottfried Boehm in his study *Bildnis und Individuum,* and he also mentions in this context that the viewer is kept at a distance, in other words, that the possibility of dialogue between the profile image and its viewer is ruled out. Perhaps this is one reason why this genre was, and remained, a Florentine and Italian preference. Dutch and German artists such as Jan van Eyck, Robert Campin and Albrecht Dürer preferred to show people in full face or in three-quarter view. Later, when the one or other approach was no longer determined by mental geography, Rembrandt, who portrayed both characters of the Bible and people around him, only painted one large profile portrait. It shows Saskia van Uylenburgh, his first wife, who died young. Her sumptuous garments emerge partially from the dark background; a fluffy feather curves over the brim of her hat, which is set at a jaunty angle. However, it is only the pale skin of her sharply outlined face on which the full, warm light rests.

In the eighteenth century, which was inspired by the philosophical Enlightenment on the one hand and driven by the search for scientific knowledge on the other, the energetic Swiss pastor and philosophical writer Johann Kaspar Lavater brought the profile to the attention of the higher social circles, including Johann Wolfgang von Goethe. Lavater's four-volume publication on physionomy, *Physiognomische Fragmente zur Beförderung der Menschenkenntniß und Menschenliebe* (1775/78), begins with the observation that "nothing better reflects a person's character than his silhouette and profile". According to Lavater, the study of the human silhouette, whereby the form is reduced to its essential and distinct features, provides the key to the soul – whatever that may be. By that, of course, he really meant morals, or character. The resolute pastor aroused the curiosity and enthusiasm of his contemporaries, who had begun practicing their skill in cutting out silhouettes, as a parlour game, an opportunity to flirt, or, possibly, to gain unexpected insights. People sent him silhouettes, wrote letters and visited him; but for Lavater, physiognomy was not an insignificant pastime, but a science for which he gathered evidence. His collection of portraits encompasses around 22,000 pages and is now housed in the Vienna Staatsbibliothek.

With its method of pinpointing individual constants Lavater saw physiognomy as a possible means of classifying individuals scientifically. He made exaggerated drawings of human traits in order to demonstrate his concept of being able to gage intelligence, temperament and ultimately character from the profile. In drawings such as *Cleverness* and *Stupidity*, and his illustration of the four temperaments *(Phlegmaticus, Cholericus, Sanguineus, Melancholicus)*, he ran a sort of beginners visual education course in behavioural science. Although, in Lavater's case, the intentions of the theologian and pastor predominated – as he acknowledged when he said, "For me, religion is physiognomy, and physiognomy religion" – this method can, of course, lend itself to abuse in cases involving private or public denunciation and exposure. The importance placed on profiles as sources of information can be seen from the fact that criminal records always hold two mug shots – one taken head-on, and one from the side.

In the early twentieth century artists and photographers once again discovered the particular aesthetic potential of the profile – that of stage-managing an individual and accentuating his unique character, which gains a mysterious attractiveness through being partially hidden. Heinrich Vogeler (1898), a young artist who was very conscious of his own style, sat on a wooden chair for his photo taken in profile, which shows a serious and intensely gazing slender young man in a white shirt with a turned-up collar. Edward Steichen placed Auguste Rodin in profile, as a powerful, dark figure in front of an even more powerful, lighter sculpture by the master (1903). In the carefully staged photograph of Baron de Meyer by George Hoyningen-Huene (1932), his well-padded figure in tailcoats is an integral part of the sharply accentuated light and dark profile portrait of an obviously self-assured and conceited man. In Man Ray's portrait of Meret Oppenheim (1933), the line of the profile has been softened by superimposing a shadow. Man Ray also delighted in capturing his Surrealist friends such as Paul Éluard, Marcel Duchamp, Louis Aragon and André Breton, in profile.

Rodin, Vogeler, de Meyer, Meret Oppenheim and Breton are opposites when it comes to their work, but they were united in their ambition for an effective yet discreet way of presenting themselves. The profile portrait offered both the photographer and his or her subjects a perfect and fascinating opportunity to overcome the contradiction between exposure and concealment. And they enjoyed making use of that. The photographs of fashion models and film-stars, in the 1930s in particular, underlined the role that these alluring images and their appeal played in establishing this new industry. An elegant hat, flowing curls or a neat bob were very effective in enabling profile photographs to suggest those ladylike, girlish or gamine characteristics, that discreet and ambivalent charm of these female portraits. The 'Florentine beauty' had found her successors.

Erika Schmied has been taking photographs of artists since the late 1950s. Among them are Giorgio de Chirico, Max Ernst, Richard Lindner, Asger Jorn, Mark Tobey, Josef Albers, Horst Janssen, whose work Wieland Schmied exhibited when he directed the Kestner-Gesellschaft in Hanover between 1963 and 1974. Some of Erika Schmied´s s photographs were taken for catalogues or reviews, others were done with no intent to publish. Many other artists were added to this list, including writers such as Halldór Laxness, H. C. Artmann, Peter Kurzeck and Thomas Bernhard, a special friend of both Schmieds.

Erika Schmied's photographic portraits are not staged arrangements of persons and props, but observations that have an almost incidental character. This is not to suggest that they are snapshots taken in a cheerful rush. Most of these profile portraits have an atmospheric matter-of-factness, a sobriety, and, in some cases, pensiveness, that come from an intermediate state: they are as far removed from a casual outburst as they are from the enduring clarity of the Renaissance profile. The impression one gains is one of familiar esteem between photographer and subject, of mutual trust and unspoken regard for the other's competence and reliability. At the same time, the boundaries of intimacy are always respected, even when one occasionally senses that the encounter was of a fairly private and in any event relaxed nature. We never get the impression that the photographer, who naturally had her own ideas about her subject, has taken charge, or manoeuvred him/her into adopting a role that matched his/her reputation. Nor is there any indication that the subject has struck a pose. These profile photographs were created in an atmosphere of trust, curiosity and familiarity. And this is – over decades and generations, different nations and varied contexts – their common denominator.

When looking at Erika Schmied's profile photographs, one gets the impression that the subject often was either completely unaware or only partly aware of what was going on, and was therefore impervious to the delicacy of the situation. With a head-on-shot the subject certainly realizes what is going on. One knows one's own face from the mirror, one can smile or not, look the photographer in the eye and adjust one's attitude to match the photographer's, who, for his or her part, acts in the same way: "With a full frontal view, I can manipulate [the image] to the point where it is no longer recognisable – with light, the positioning of the camera, and the way the head is held, for instance," says Erika Schmied. With a profile photograph, however, the subject can only keep track of the photo-grapher's activity out of the corner of his/ her eye, or see the result. However, what at first appears to be the photographer's greater power is actually limited: "You can't change the shape of the head, nor can special lighting alter a flattened back of the head, a receding chin, or a too short or too long nose," explains Erika Schmied.

At the very first glance, the photographed profile is "all about the nose". Someone like Giorgio de Chirico can be recognised immediately by his salient nose, which is further accentuated *ex negativo* by his receding forehead and chin. Anni Albers' profile is shaped by her nose in a somewhat more flowing manner. Similarly 'outstanding' (in the literal sense of the word) noses belong to Leon Golub, Larry Rivers and Richard Lindner, the last two stretching them out with a certain amount of swagger, much as a bird points its beak. A prominent nose determines the way its owner presents himself/ herself.

A second, more lingering look, reveals the profile portrait as being all about body and head posture, about the eye and the angle of vision. For Erika Schmied, posture provides the initial information as to "whether it is an introverted, arrogant, lively, warm-hearted or vain sort of person." The downward gaze in the photographs of Unica Zürn, Günter Brus, Arnulf Rainer and Josef Albers – the latter hidden behind thick glasses – suggest the pensiveness on one who does not wish to be disturbed for the moment. Conversely, an upturned glance removes the subject from what is happening around him: the young Horst Janssen raises his head and snub nose expectantly, lips slightly parted. Katharina Fritsch strikes a similar attitude, though she appears to indulge in a little, hesitant, smile. The luxuriant growth of hair on Ronald Kitaj's chin and head imbues his upward gaze with a wholesome air of faith in God.

A third look might fall on the accessories, which only come into play in portraits that include the upper half of the body. Ursula Schultze-Bluhm presents herself as an exquisitely precious artist, playfully running her necklace through the fingers of one hand whilst elegantly holding a lit cigarette in the other. Her husband Bernard Schultze stands next to one of his Migof sculptures, looking as if about to take a jump. Dieter Roth shows his profile accentuated by holding a bottle of Beck's beer.

Rather than being a particular composition of the character or features of the subject, however, the majority of these profile portraits depict artists of all sorts in everyday situations. It is precisely here, that the unique nature of a person's physiognomy is most obvious, and what Erika Schmied calls the "character traits of a person that are coined by their physical attitudes" become visible; particularly when, in contrast to the impeccably smooth skin of the 'Florentine beauties', these marks have been etched onto the face by the vicissitudes of life. This is especially visible in the case of Henry Moore, who, like Giorgio de Chirico and Gerhard Richter, has been photographed many times over the years. Moore was and always remained a friendly gentleman with a discreet, open gaze. A reserve can be sensed here, that also relates to his generation. Georg Gresko appears in a decidedly correct, non-artist-like attitude. This painter and graphic artist of the Hamburg art scene in the 1960s, who, unlike Horst Janssen, did not live to see his success, fixes his vis à vis, who could be himself, with a concentration that also reflects isolation.

Among Erika Schmied's profile portraits of artist couples neither her photographs of Ursula and Bernard Schultze nor Niki de St. Phalle and Jean Tinguely encourage notions about symbiotic lives. But Nancy Spero's and Leon Golub's physiognomies are sharply accentuated in a way which makes it seem as if they were confronting each other in a slightly combative manner.

The artist and his work. Like a little girl, Niki de St. Phalle allows herself to be taken by the hand by one of her overwhelmingly expansive Nana figures. Allan Jones seems to be keeping step with a bare-bosomed lady in a picture next to him: the artist standing out with his nose, and the model with her prominent, pointed breasts. Jan Fabre, a performance artist and sculptor, poses good-naturedly alongside a dark-glazed portrait bust with hat, claiming it shows one of his ancestors. Stephan von Huene, who built sound sculptures, stands facing his work, *The New Lore Ley*, with such absorbed attention, as if he was carrying on an intense yet polite, profile to profile conversation with her. But she wants to comb her golden hair.

Photography is "a poetic moment", according to Chuck Close – a painter of large, meticulously pixeled portraits, which from a distance look like photographs. Perhaps profile photography could be called 'the aphorism of portrait photography', although Erika Schmied's profile portraits are as far removed from caricature as they are from heroism. Looking at the range of eccentrics and dreamers, mavericks and self-publicists that she has photographed, one or the other over-accentuation might occasionally have suggested itself. After all, this is a practice that has been known about and used ever since Apelles's invention. That they are not visible in the profile portraits assembled here is indicative of a professionalism that can allow itself the luxury of curiosity and of differentiation.

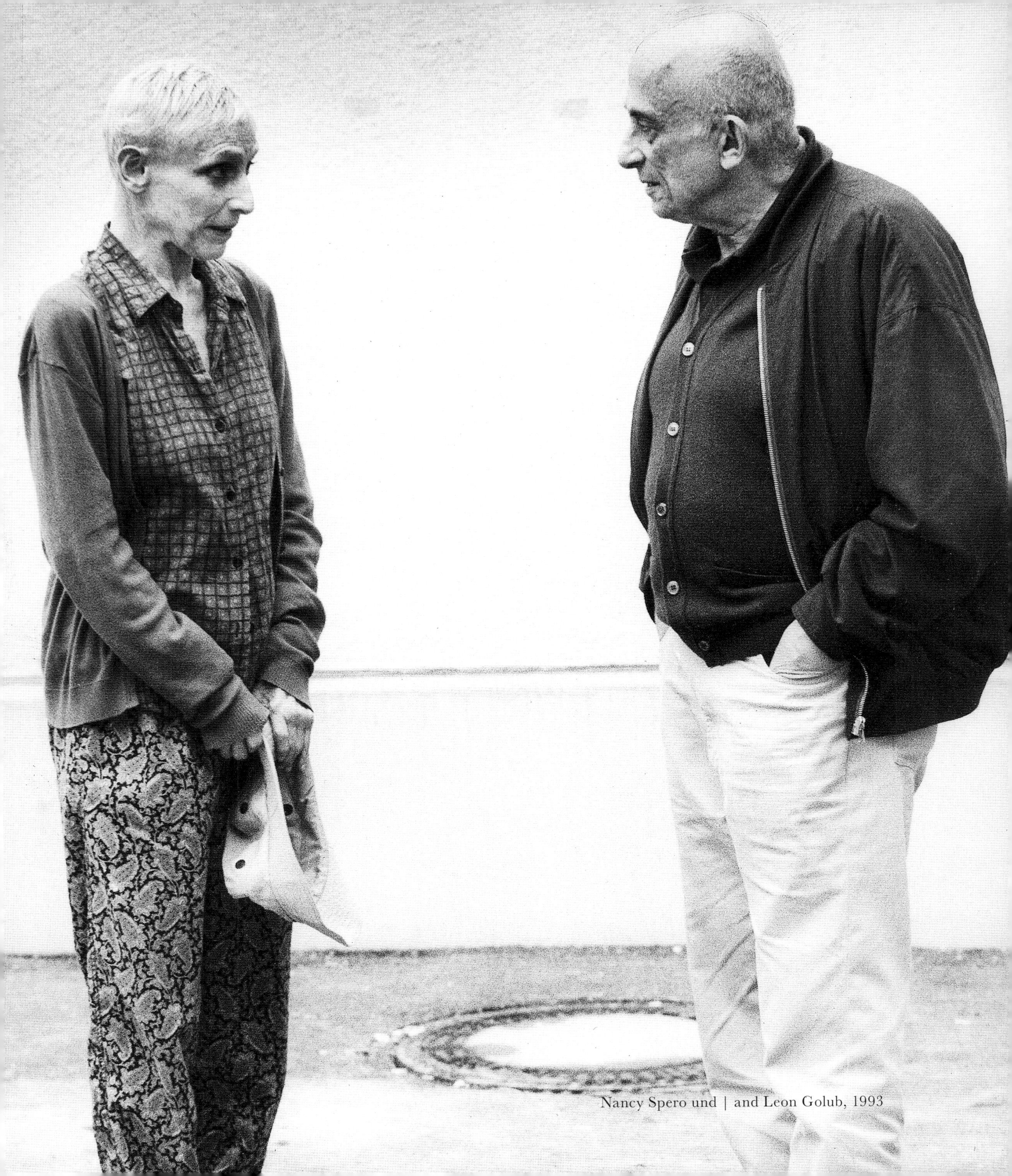

Nancy Spero und | and Leon Golub, 1993

Richard Lindner, geboren 1901 in Hamburg, lebte ab 1902 in Nürnberg und München, wo er die Kunstakademie besuchte, ab 1927 in Berlin. 1933 emigrierte er über Paris nach New York, wo er zunächst wieder an die Kunst der Neuen Sachlichkeit anzuschließen versuchte, ehe er zu einem Vorläufer der amerikanischen Pop-Art wurde. Die Protagonisten seiner Bilder, die in einer bösartigen Spielzeugwelt zu agieren scheinen, kommen aus der glamourösen Welt des von Sex und Klischees beherrschten Großstadtlebens. Lindner starb 1978 in New York. „Vielleicht sind wir alle schöpferisch, wenn wir auf das Geheimnis unserer inneren Stimme lauschen..."

RICHARD LINDNER

Richard Lindner, born in 1901 in Hamburg, grew up in Nuremberg and Munich, where he attended the Art Academy. After 1927 he studied at the Academy of Art in Berlin. In 1933 he emigrated via Paris to New York where he initially tried to link up with the Neue Sachlichkeit (New Objectivity) art movement, before becoming a precursor of American Pop Art. The protagonists of his paintings, who seem to inhabit a malign world of toys, come from the glamorous world of the metropolitan city, dominated by sex and stereotypes. Lindner died in 1978 in New York. "Perhaps we are all creative, if we listen to the secret of our inner voice..."

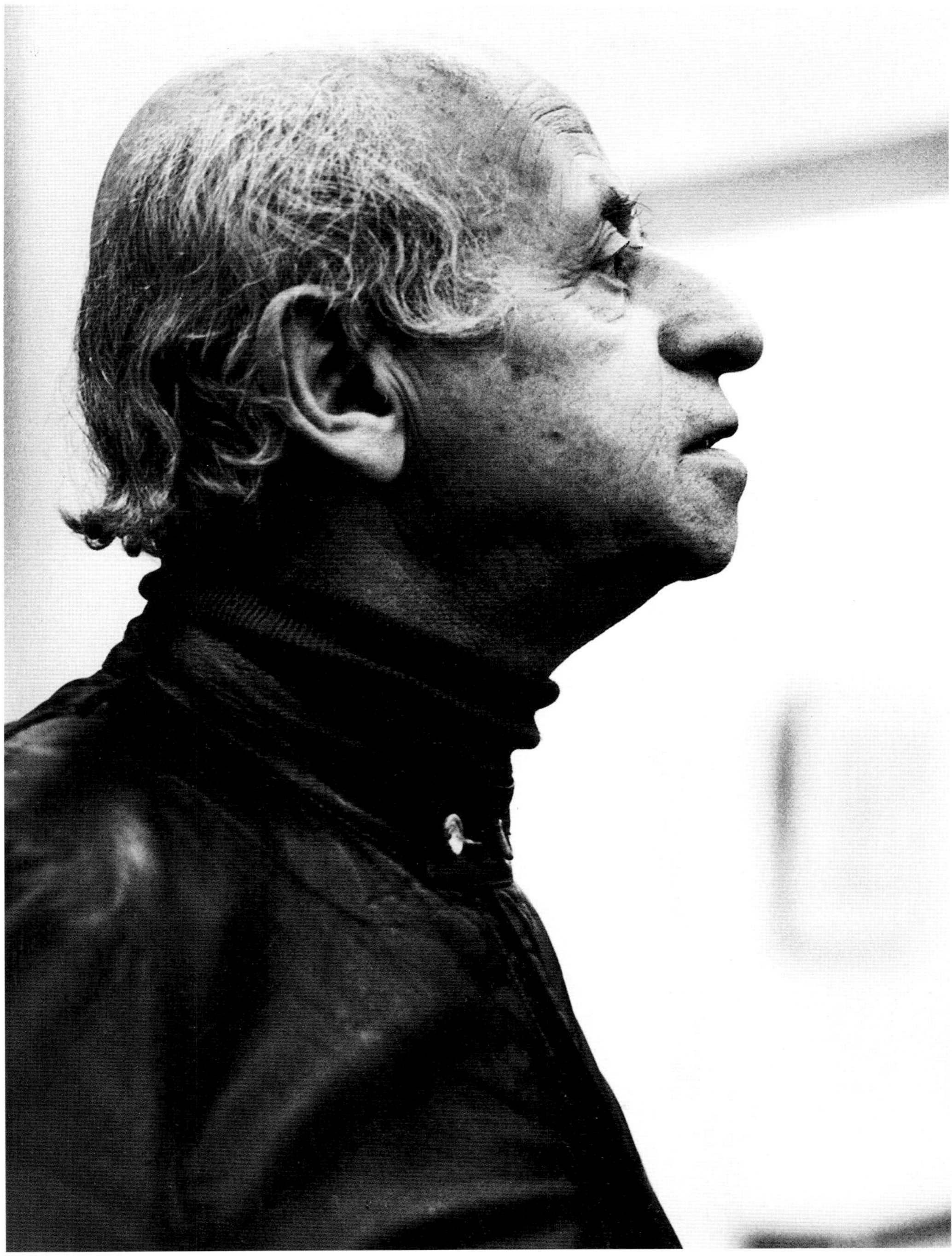

1965

Anni Albers, geboren als Anneliese Fleischmann 1899 in Berlin, gestorben 1994 in Orange/Connecticut, seit 1925 mit Josef Albers verheiratet (den sie am Bauhaus in Weimar kennengelernt hatte), ist vor allem als Textilgestalterin und als Grafikerin hervorgetreten. Als Nachfolgerin von Gunta Stölzl leitete sie eine Zeit lang die Werkstatt Weberei am Bauhaus in Dessau. Später lehrte sie Webkunst am Black Mountain College in North Carolina. Seit den 1960er Jahren schuf sie vor allem geometrisch-abstrakte Grafiken.

ANNI ALBERS

Anni Albers, born Anneliese Fleischmann 1899 in Berlin, died in 1994 in Orange, Connecticut, was married from 1925 to Josef Albers (whom she met at the Bauhaus in Weimar), and made her mark as a textile designer and printmaker. She took over from Gunta Stölzl and ran the weaving workshop at the Bauhaus in Dessau. She subsequently taught weaving at Black Mountain College in North Carolina. From the 1960s on she created primarily geometric and abstract prints.

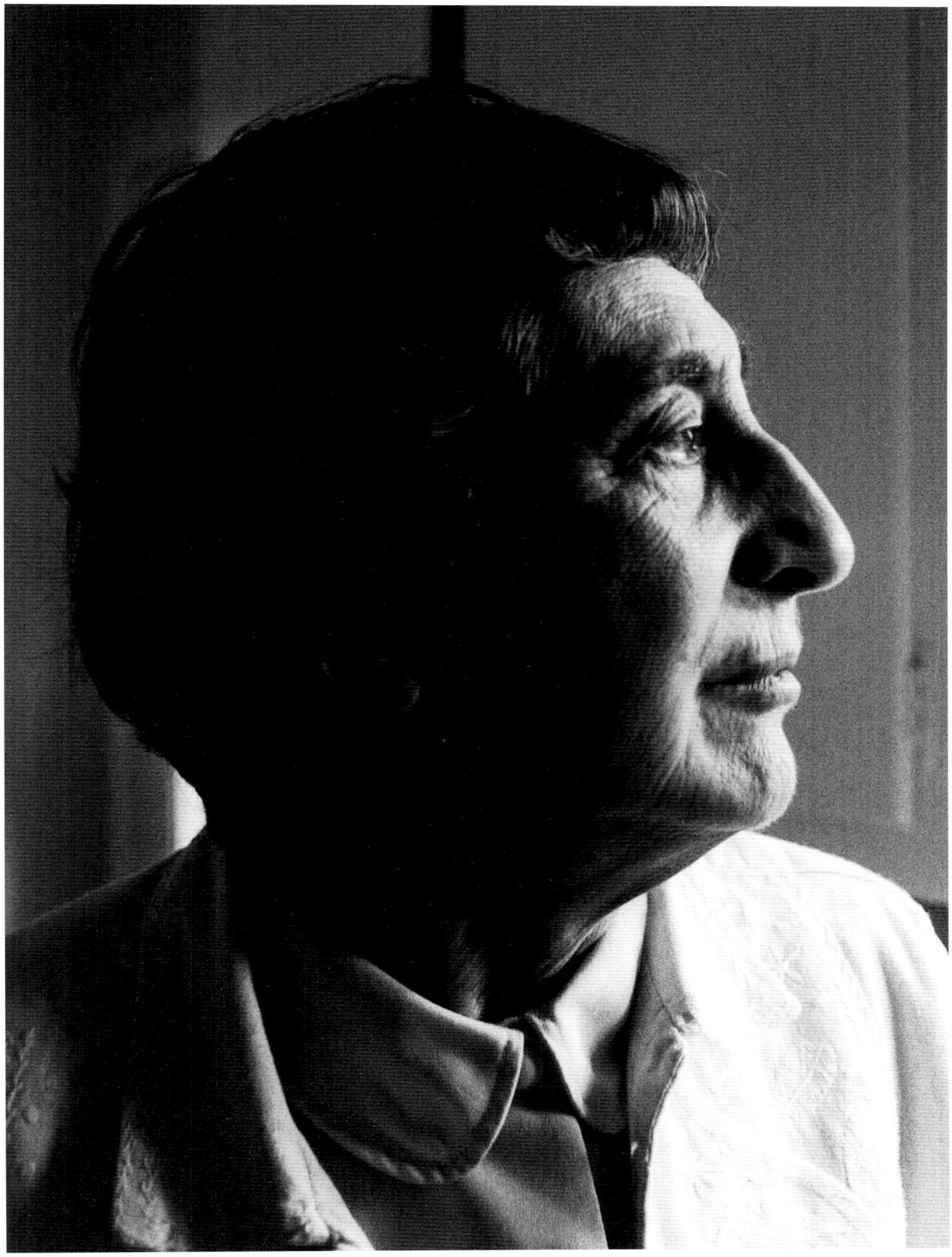

1972

Josef Albers, geboren 1888 in Bottrop, gestorben 1976 in Orange/Connecticut, war in gleichem Maße Künstler wie Didaktiker. Als Kunstlehrer wirkte er ab 1923 am Bauhaus in Weimar und Dessau und – nach seiner Emigration – am Black Mountain College in North Carolina wie an der Yale University in New Haven. Als bildender Künstler wurde er vor allem durch die 1949 begonnene Serie *Hommage to the Square* bekannt, in der er an die 1 000 verschiedene Farbkompositionen ausprobierte. Albers gilt als einer der Väter der Op-Art – eine Bezeichnung, die er allerdings strikt ablehnte. „Kunst ist vorerst Vision, nicht Expression. Vision in der Kunst offenbart Einsicht, unser Schauen von Welt und Leben."

JOSEF ALBERS

Josef Albers, born in 1888 in Bottrop, died in 1976 in Orange, Connecticut, was an artist as well as an educationalist. He worked as an art teacher from 1923 at the Bauhaus in Weimar and Dessau and – after emigrating – at Black Mountain College in North Carolina and at Yale University in New Haven. He is especially known for the *Hommage to the Square* series, begun in 1949, in which he experimented with a thousand different colour compositions. Albers is viewed as a father of Op Art – a designation, however, that he completely repudiated. "Art is above all vision, not expression. Vision in art reveals insight, our seeing of the world and of life".

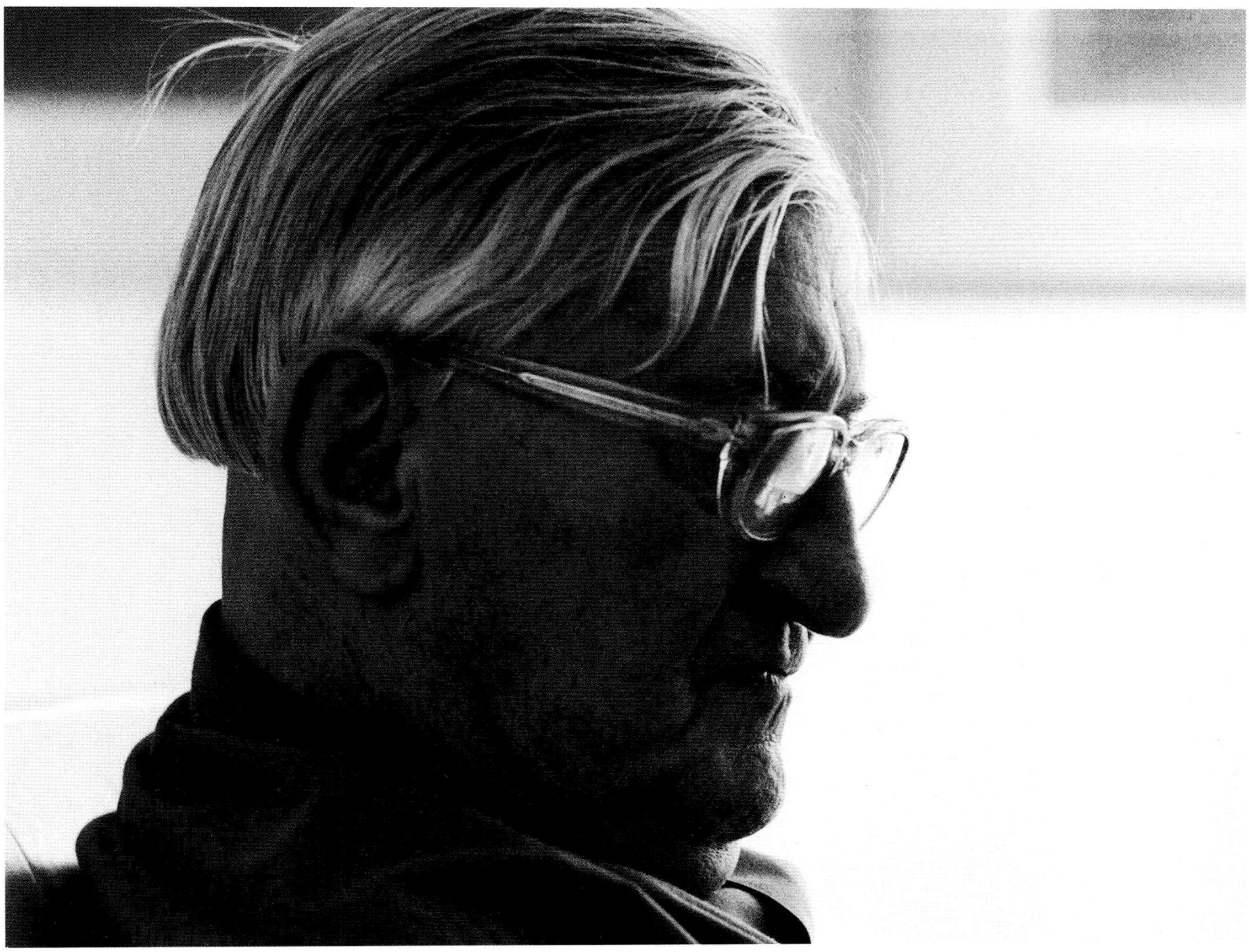

1972

Henry Moore, der englische Bildhauer und Zeichner, war der in den 1950er und 1960er Jahren wohl bekannteste und am meisten geschätzte Bildhauer Europas. 1898 geboren und 1986 gestorben, hatte er zwei Weltkriege miterlebt. Nicht nur eignete er sich umfängliche Kenntnisse über die klassische europäische Kunst an, auch mit der Kunst Afrikas und Ozeaniens setzte er sich auseinander. Seine frühen, blockhaften Figuren aus Stein wie auch seine späteren, oft ins Monumentale gesteigerten, abstrakteren Skulpturen aus Bronze haben in ihrem formalen Bezug zur Landschaft oder der menschlichen Gestalt immer eine humane Dimension.

HENRY MOORE

Henry Moore, British sculptor and graphic artist, was probably the most famous and most highly regarded European sculptor of the 1950s and'60s. He was born in 1898 and died in 1986, having lived through both world wars. Not only was he profoundly knowledgeable about classical European art, but he was also deeply interested in the art of Africa and Oceania. His early, block-like stone figures, and his later, often monumental, abstract bronzes always evoke a special relationship between the human form and landscape.

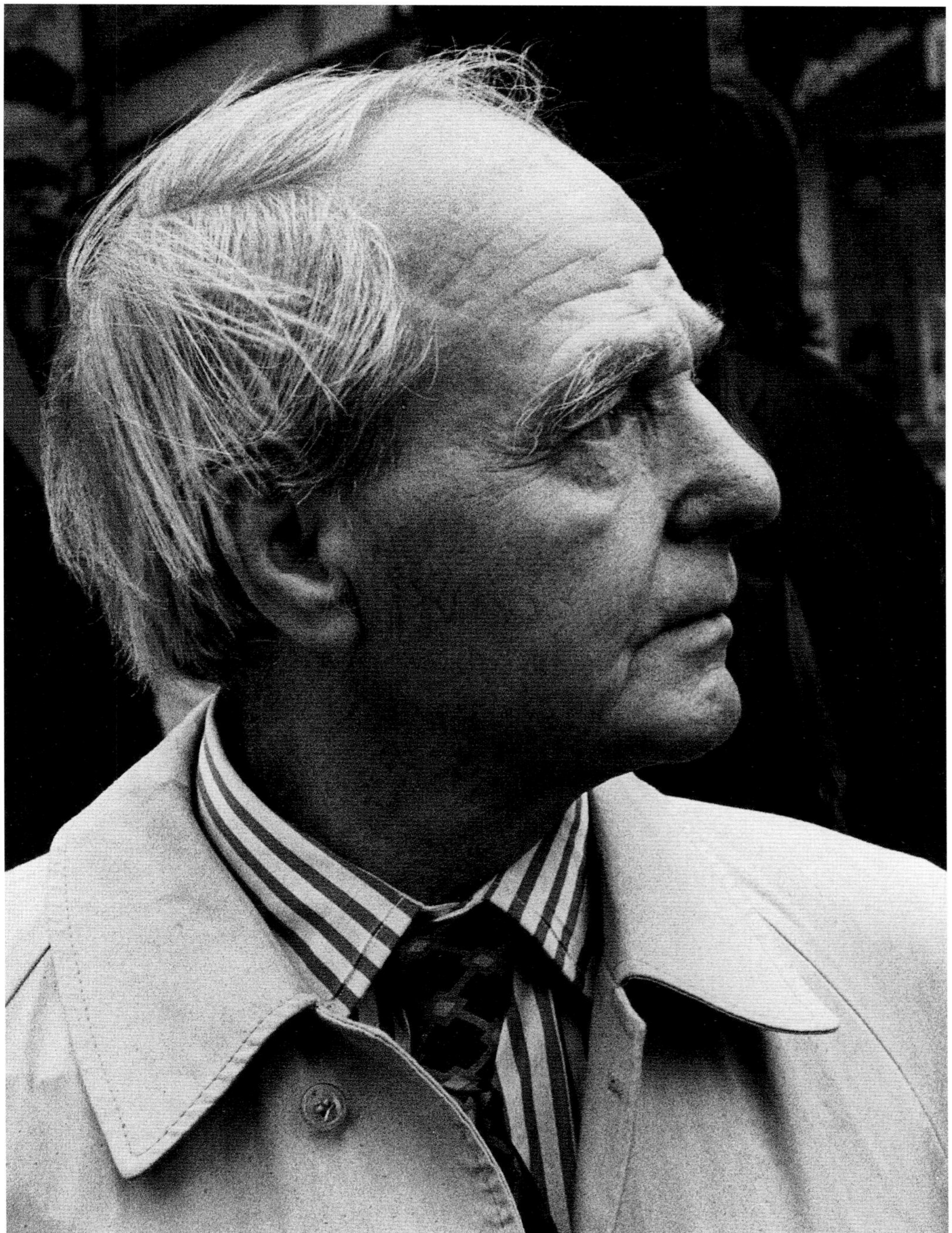

1974

Der Name Giorgio de Chirico ist untrennbar mit der sogenannten Pittura metafisica, der metaphysischen Malerei, verbunden, die er nach seinem Studium an der Akademie der Bildenden Künste in München um 1909 in Florenz, danach in Paris und ab 1915 in Ferrara entwickelte. 1888 in Volos/Thessalien geboren, 1978 in Rom gestorben, gibt de Chirico uns mit seinem 1919 vollzogenen Bruch mit seinem metaphysischen Frühwerk, das der Nachwelt als sein Hauptwerk gilt, noch heute Rätsel auf. „Das größte Kunstwerk bewirkt der Künstler in den tiefsten Tiefen seines Seins. Dorthin dringt kein Rauschen des Flusses, kein Gesang der Vögel, kein Rascheln der Blätter.“

GIORGIO DE CHIRICO

The name of Giorgio de Chirico is inseparable from that of the Pittura Metafisica (metaphysical painting) that he developed after his studies at the Academy of Fine Arts in Munich, Florence, and then Paris around 1909, and, after 1915, in Ferrara. Born in1888 in Volos in Thessalia, he died in Rome in 1978. Even today, de Chirico's complete break with his early metaphysical work in 1919, which posterity considers his most important work, is still not understood or accepted. "The artist has an impact on even the greatest work of art, in the very depths of its being. Here no river rushing by, no birdsong, no rustling of leaves can enter".

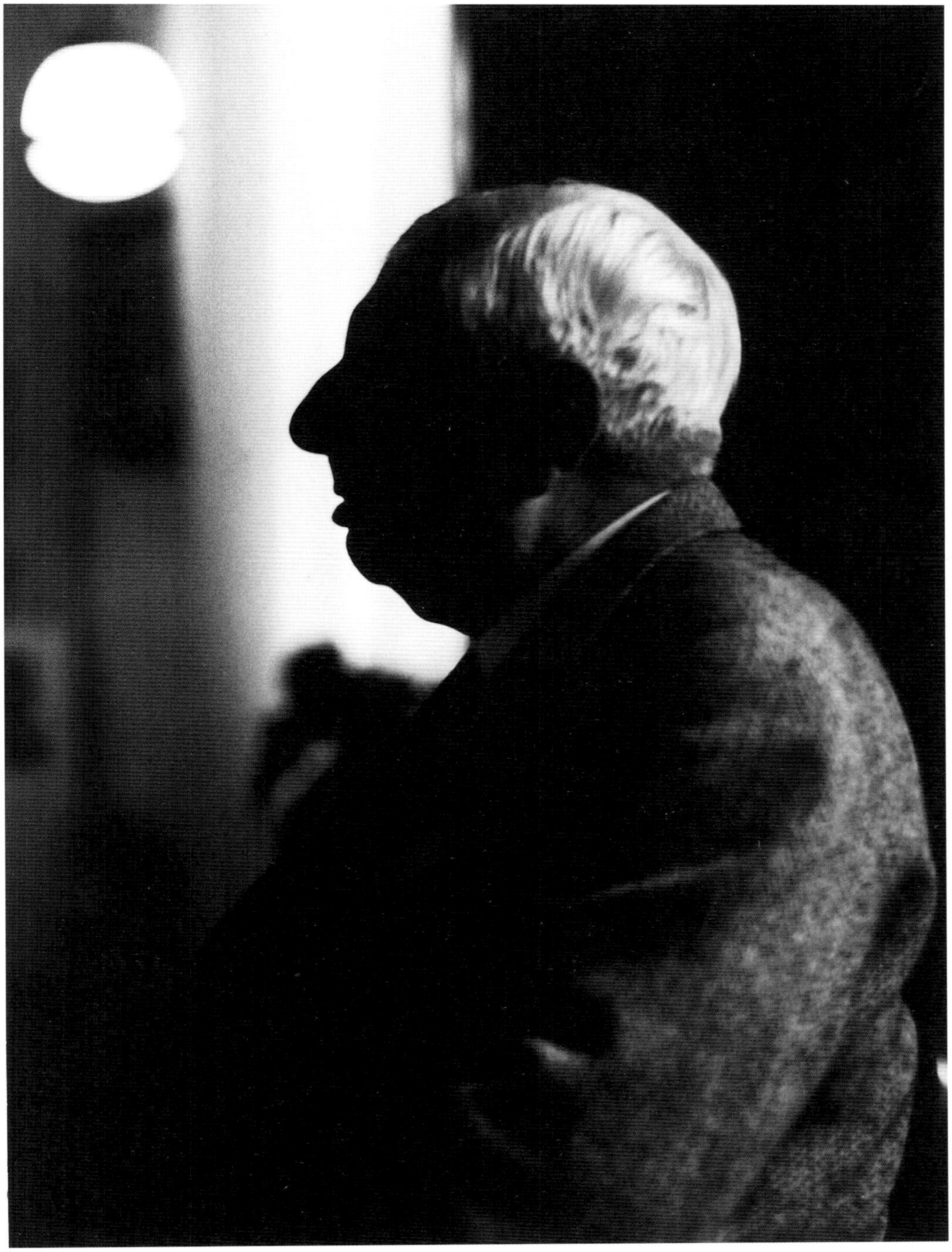

1970

Als Künstler hat Walter Dexel fast drei Jahrzehnte lang geschwiegen, von 1933 bis 1961. Geboren 1890 in München, gestorben 1973 in Braunschweig, war Dexel vor der Zeit der Nazi-Diktatur in Deutschland nicht nur als konstruktivistischer Maler, sondern auch als Gebrauchsgrafiker und Kunstvereinsleiter in Jena tätig. Auch wenn ihm seine besten Jahre durch die politischen Umstände „gestohlen" waren, so blieb er doch ein nüchterner Mann. „Es ist keineswegs wünschenswert oder nötig, dass Reklame unangenehm auffällt."

WALTER DEXEL

The artist Walter Dexel was not to be heard or seen for almost three decades: from 1933 to 1961. Born in 1890 in Munich, he died in 1973 in Braunschweig; during the Nazi dictatorship in Germany he worked as a Constructivist painter, as a commercial artist and as a director of an Art Association in Jena. Although his best years were "stolen" from him by the political situation, he was always a very no-nonsense type of man. "It is totally undesirable and unnecessary for advertising to be presented in an unpleasant way".

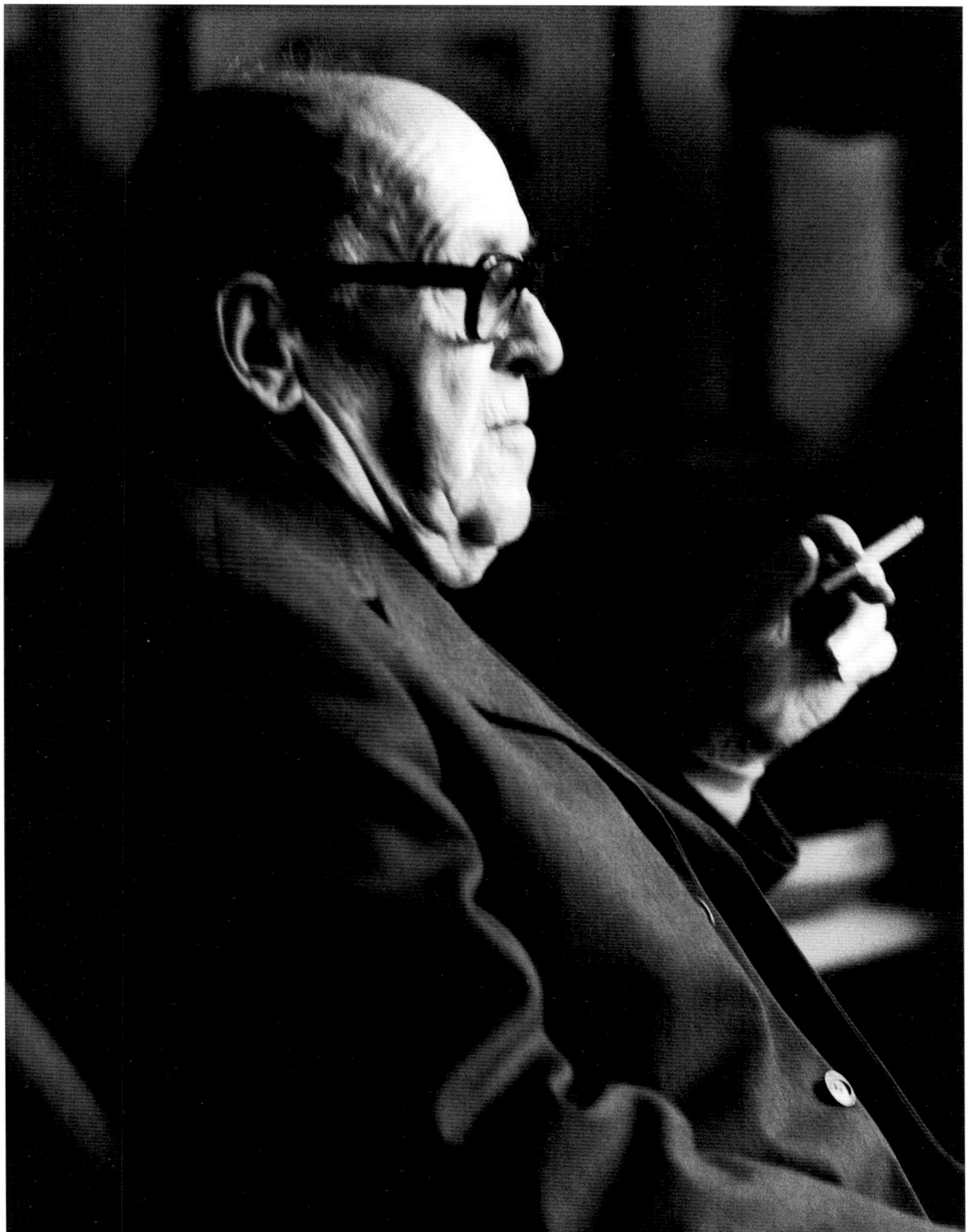

1973

Für Rupprecht Geiger gab es als Künstler nur ein Thema: die Farbe. Ihr ist sein ganzes malerisches Werk gewidmet. 1908 in München geboren, wo er 2009 auch gestorben ist, hatte er – bevor er sich gänzlich der Malerei zuwandte – zunächst lange als Architekt gearbeitet. Eindrücke der Natur Bayerns, Spaniens, Russlands und Griechenlands, bei denen ihn mehr als jedes landschaftliche Detail der Himmel über den Landschaften faszinierte, benannte er später als die Auslöser für seine gänzlich abstrakten, monochromen Bilder, in denen nicht selten die Farbe Rot dominiert. „Wird die Schönheit der Farbe wichtigster Faktor, die kosmische Wahrheit zu ergründen?"

RUPPRECHT GEIGER

There was only one artistic issue for Rupprecht Geiger: colour. He dedicated his entire painting output to it. Born in 1908 in Munich, where he died in 2009, he worked as an architect before focusing his entire attention on painting. He said that impressions of nature in Bavaria, Spain, Russia and Greece constituted the point of departure for all his abstract, monochrome paintings, which are often dominated by the colour red, even though the sky fascinated him more than any landscape detail. "Will the beauty of colour be the most important factor for fathoming cosmic truth?"

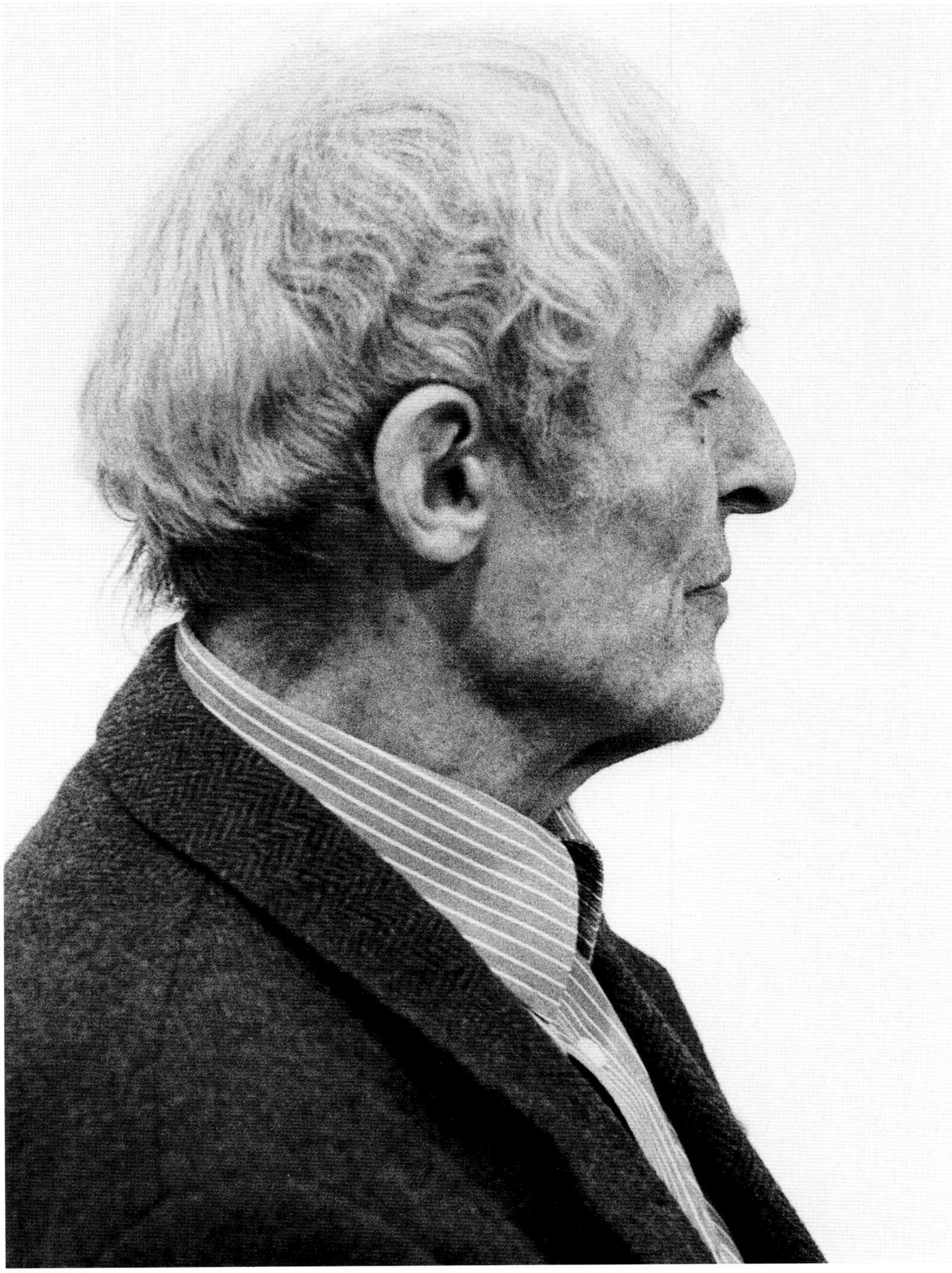

1998

Emilio Vedova, geboren 1919 in Venedig, gestorben 2006 ebenda, hat sich sein Leben lang in tachistisch-expressiver Malerei mit Problemen des Raumes auseinandergesetzt. Spontaneität und Bewegungsrhythmen bestimmen seine gestisch geprägte Kunst. Das *Absurde Berliner Tagebuch '64*, die *Plurimi* und *Plurimi binari* gelten als die Höhepunkte seines Werkes. „Um Schule zu machen, muss man nicht nur das Metier und seine Techniken beherrschen, man muss auch Ideen haben."

EMILIO VEDOVA

Emilio Vedova, born in Venice in 1919, where he died in 2006, explored Tachist Expressionist painting and the issue of space. Spontaneity and rhythmical movement define his highly gestural art. *Absurdes Berliner Tagebuch '64, Plurimi* (Absurd Berlin Diary '64) *Plurimi* and *Plurimi binari* are considered his greatest achievements. "In order to learn, you need not only to master your profession and its techniques, you also need to have ideas".

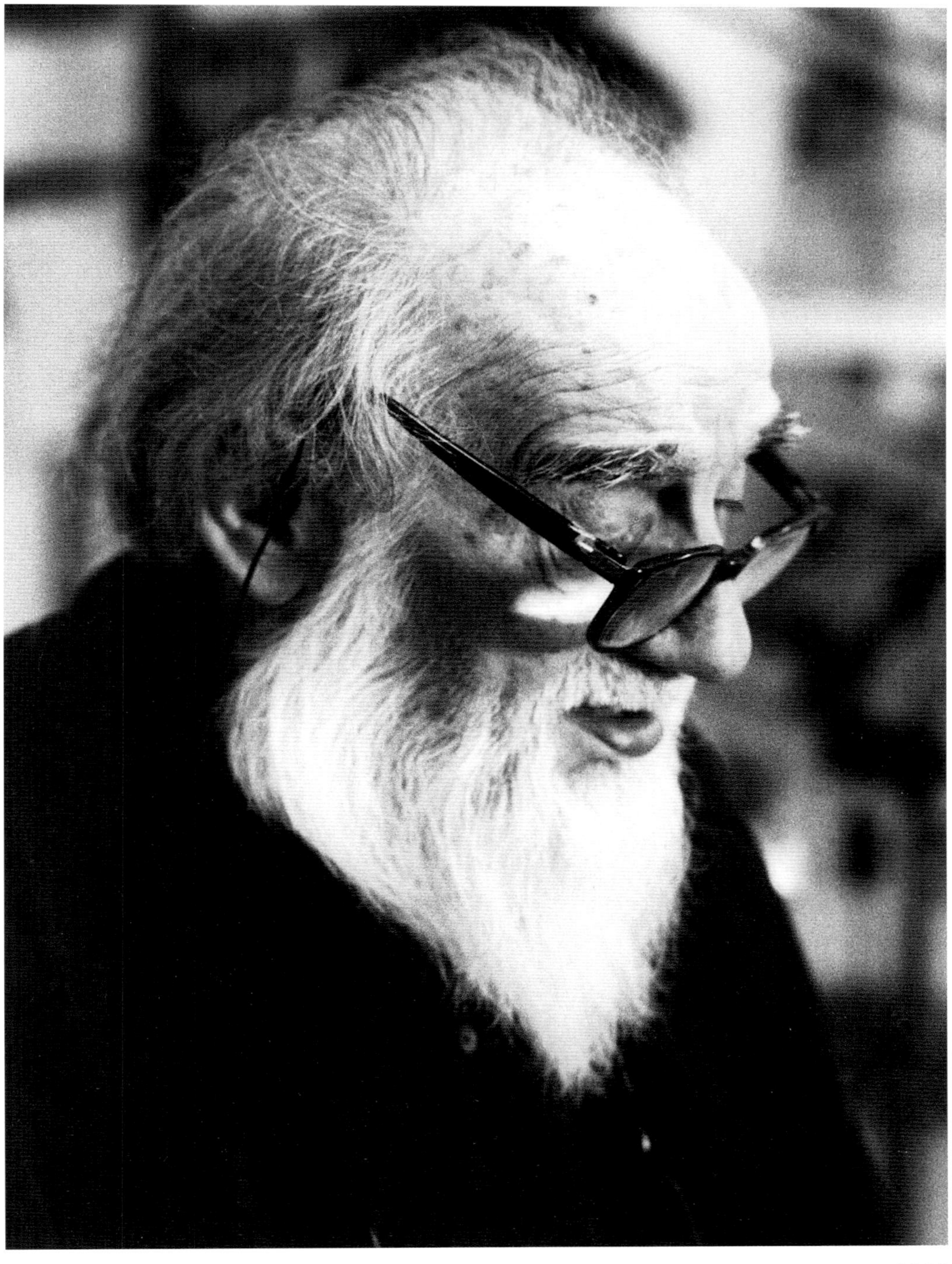

1990

Dieter Roth, zu dessen umfangreichem Werk Bilder, Grafiken, Collagen, Objekte und Künstlerbücher gehören, der als Aktionskünstler und bei Happenings auftrat, war ein Autodidakt und ein manisch produzierender Künstler. Zu seinen favorisierten Materialien gehörten auch Lebensmittel wie Wurst, Käse, Schokolade – Schimmel und Verwesung inklusive. „das, was man als das äussere aussen sieht, kann man als das innere nehmen, denn die haut – meine haut – ist die haut der welt.“ 1930 wurde er in Hannover geboren wie Kurt Schwitters 43 Jahre vor ihm, 1998 starb Roth in Basel.

DIETER ROTH

Dieter Roth, whose extensive oeuvre includes paintings, prints, collages, objects and artist books, and who has been involved in Performances and Happenings, was a self-taught and prolific producer of art. His favourite materials included foodstuffs such as sausage, cheese and chocolate, including their mouldy and decaying states. “That which we see as the external on the outside can also be taken as the internal, since skin – my skin – is the skin of world”. Roth was born in 1930, in Hanover, like Kurt Schwitters forty-three years before him, and died in 1998, in Basel.

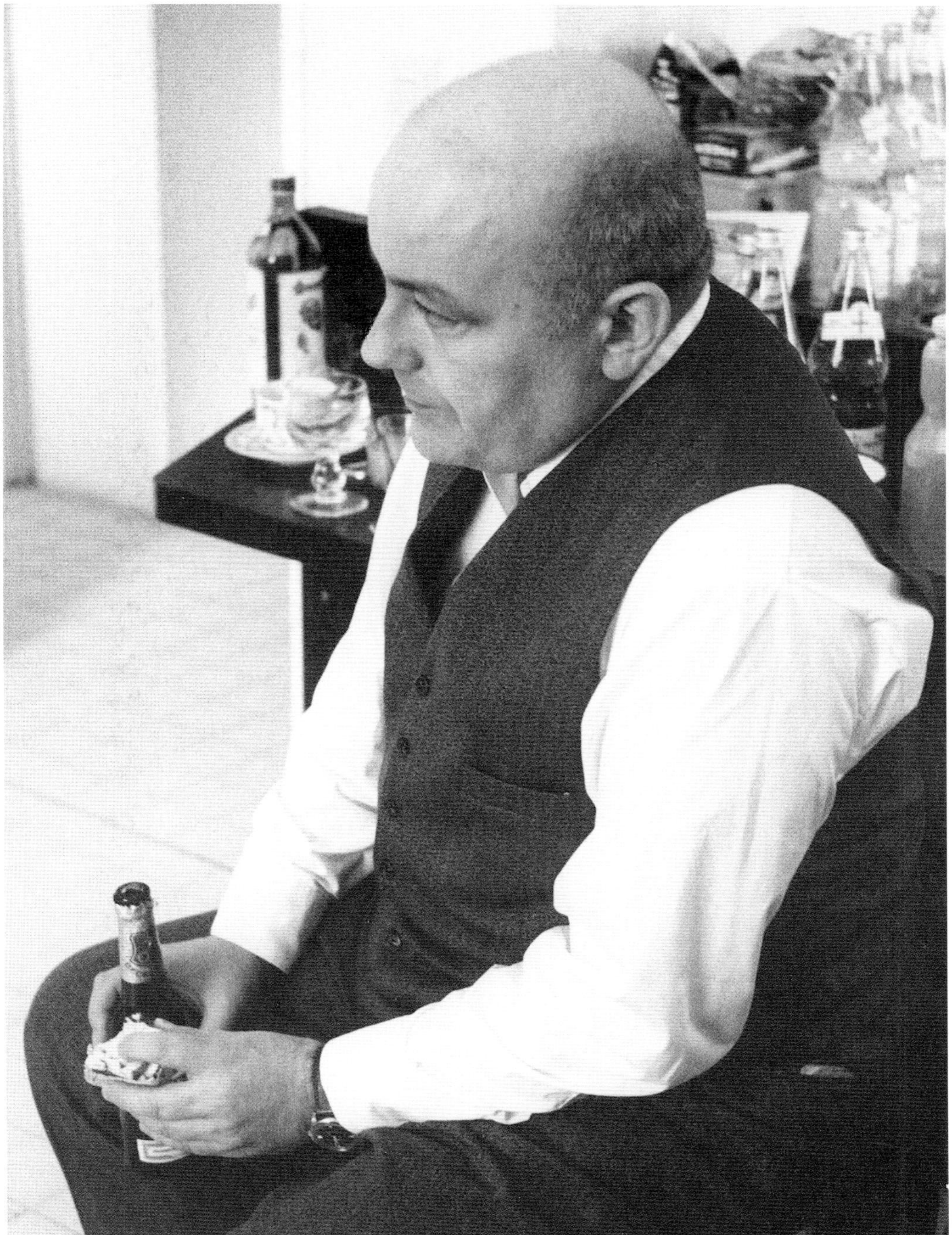

1973

Hans Bellmer, der Schöpfer der skandalumwitterten *Puppe* (1933), gehört wie Max Ernst oder Wols zu den aus Deutschland stammenden Surrealisten, die in Paris heimisch wurden. Geboren 1902 im oberschlesischen Kattowitz verließ er 1938 Berlin, wo er seit 1923 lebte, um in die französische Hauptstadt zu übersiedeln, die bis zu seinem Tod 1975 sein Wohnort blieb. In Hans Bellmers künstlerischem Schaffen treffen im Wesentlichen zwei Eigenschaften zusammen: die sexuelle Obsession und der Sinn für die freie Geometrie der Struktur. „Mein Werk ein Skandal? Die ganze Welt ist ein Skandal."

HANS BELLMER

Hans Bellmer, creator of the scandalous *Puppe* (Doll, 1933), was, like Max Ernst and Wols, a German Surrealist who settled in Paris. Born in 1902 in Kattowitz in Upper Silesia, he lived in Berlin since 1923, which he left in 1938, moving to the French capital, where he remained until his death in 1975. Basically, Hans Bellmer's works involve the encounter of two characteristics: his obsession with sex and his feeling for a free geometry of structure. "My work a scandal? The whole world is a scandal".

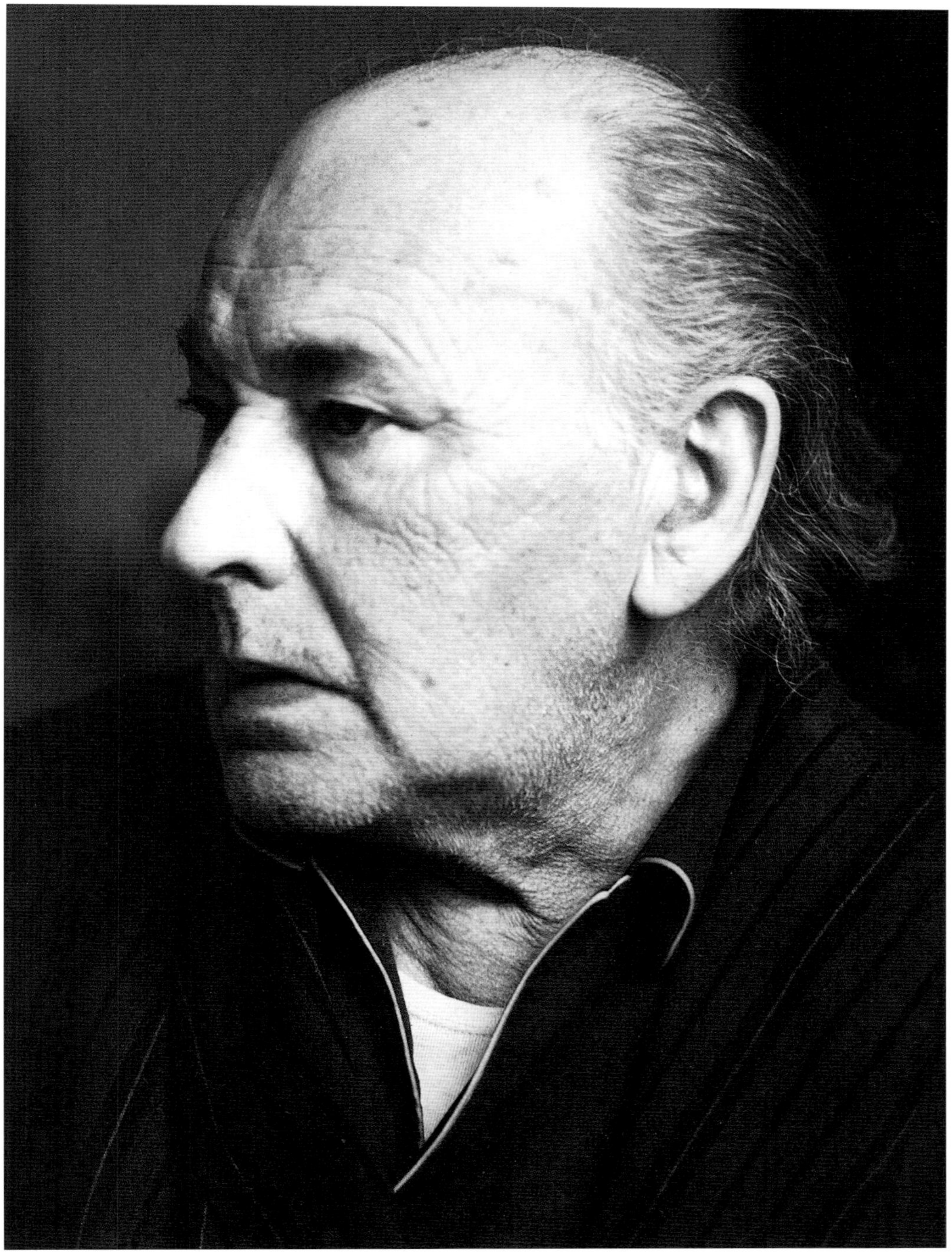

1970

Unica Zürn, 1916 in Berlin geboren und 1970 in Paris durch Selbstmord zu Tode gekommen, war eine von ihrem Schicksal geprägte Frau. 1953 lernt sie in der Berliner Galerie Rudolf Springer den Zeichner Hans Bellmer kennen, dem sie als geschiedene Frau nach Paris folgte. Ihr zeichnerisches und literarisches Werk entsteht vor allem zwischen verschiedenen Aufenthalten in psychiatrischen Anstalten, zum Teil auch während dieser Phasen. „Der Tod ist die Sehnsucht meines Lebens.“

UNICA ZÜRN

Unica Zürn, born in 1916 in Berlin, committed suicide in Paris in 1970, a woman whose life was determined by her complicated past. In 1953 she met the graphic artist Hans Bellmer in the Rudolf Springer Gallery in Berlin. Being divorced, she left for Paris with Bellmer. Her drawings and literary work were created in between, some of them during her stays in psychiatric institutions. “Death is the desire of my life”.

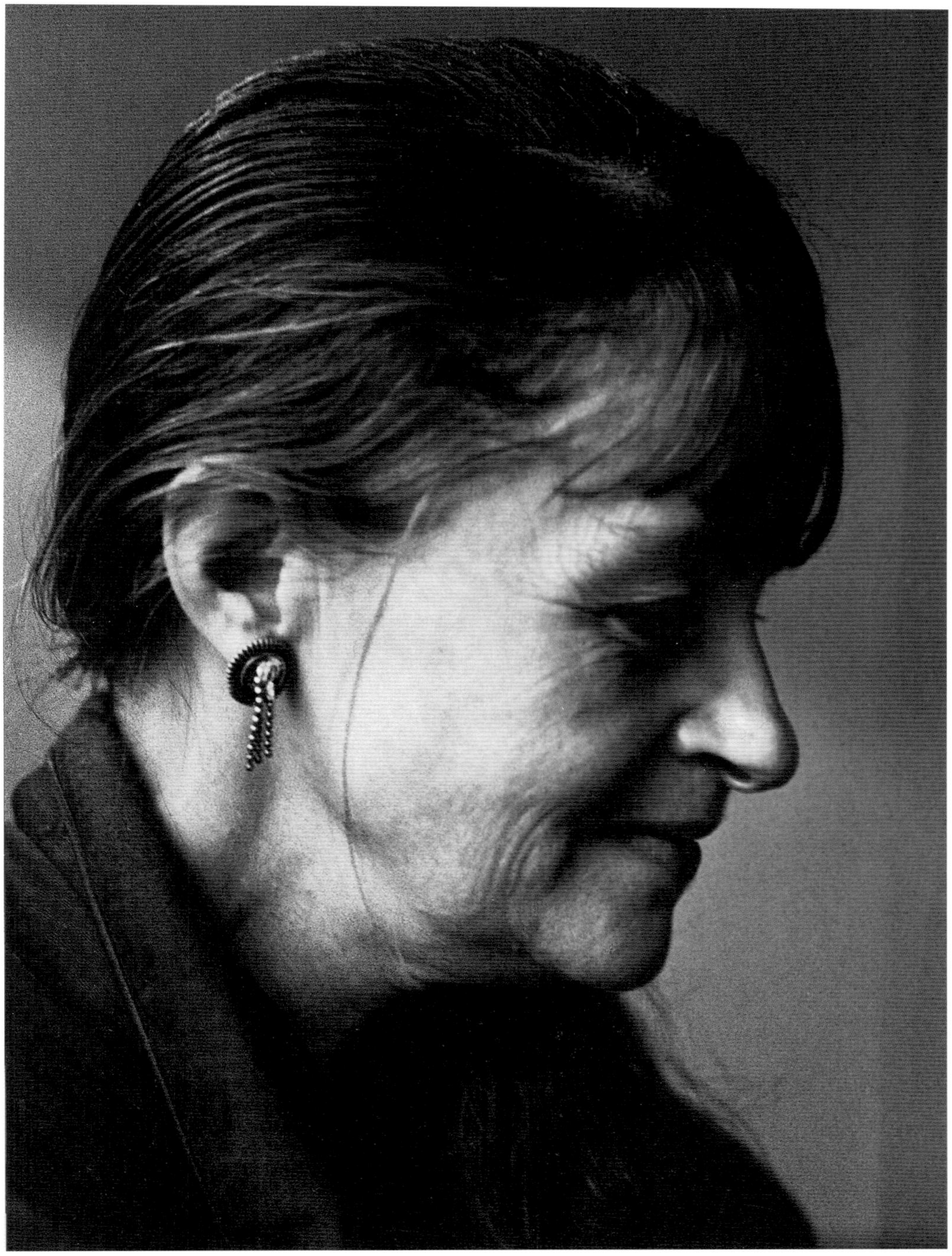

1966

Georg Gresko, geboren 1920 in Berlin, gestorben 1962 in Hamburg, war Professor für freie Grafik an der Hochschule für bildenden Künste in Hamburg und hat, zusammen mit Horst Janssen und Paul Wunderlich, das Bild der bewegten Hamburger Kunstszene der 1960er Jahre mitgeprägt. Ähnlich wie seine Künstlerkollegen ist er vor allem als ein Erneuerer von Radierung und Lithografie hervorgetreten. Der Radierung hat er ungewohnte Aquatintaeffekte erschlossen, die Lithografie ins bewegt Filmische und metallisch Materielle zu erweitern versucht. „Ich glaube, dass das immer wieder so schmerzlich Vermisste einfach jene Besessenheit ist, die zu allen Zeiten einige wenige Menschen gezwungen hat, mit leidenschaftlicher Hingabe dem Material Leben einzuhauchen."

GEORG GRESKO

Georg Gresko, born in 1920 in Berlin, died in 1962 in Hamburg, was Professor for graphic arts at the School of Fine Art in Hamburg and, together with Horst Janssen and Paul Wunderlich, he defined the Hamburg art scene in the 1960s. Like his artist colleagues, he is known for having revived interest in etching and lithography. He used unusual aquatint effects in his etchings, and aimed to add filmic movement and tactile metallic elements to lithography. "I think that the thing that continues to be greatly missed is simply the obsession that has always forced a small number of people to breathe new life into material with passionate dedication".

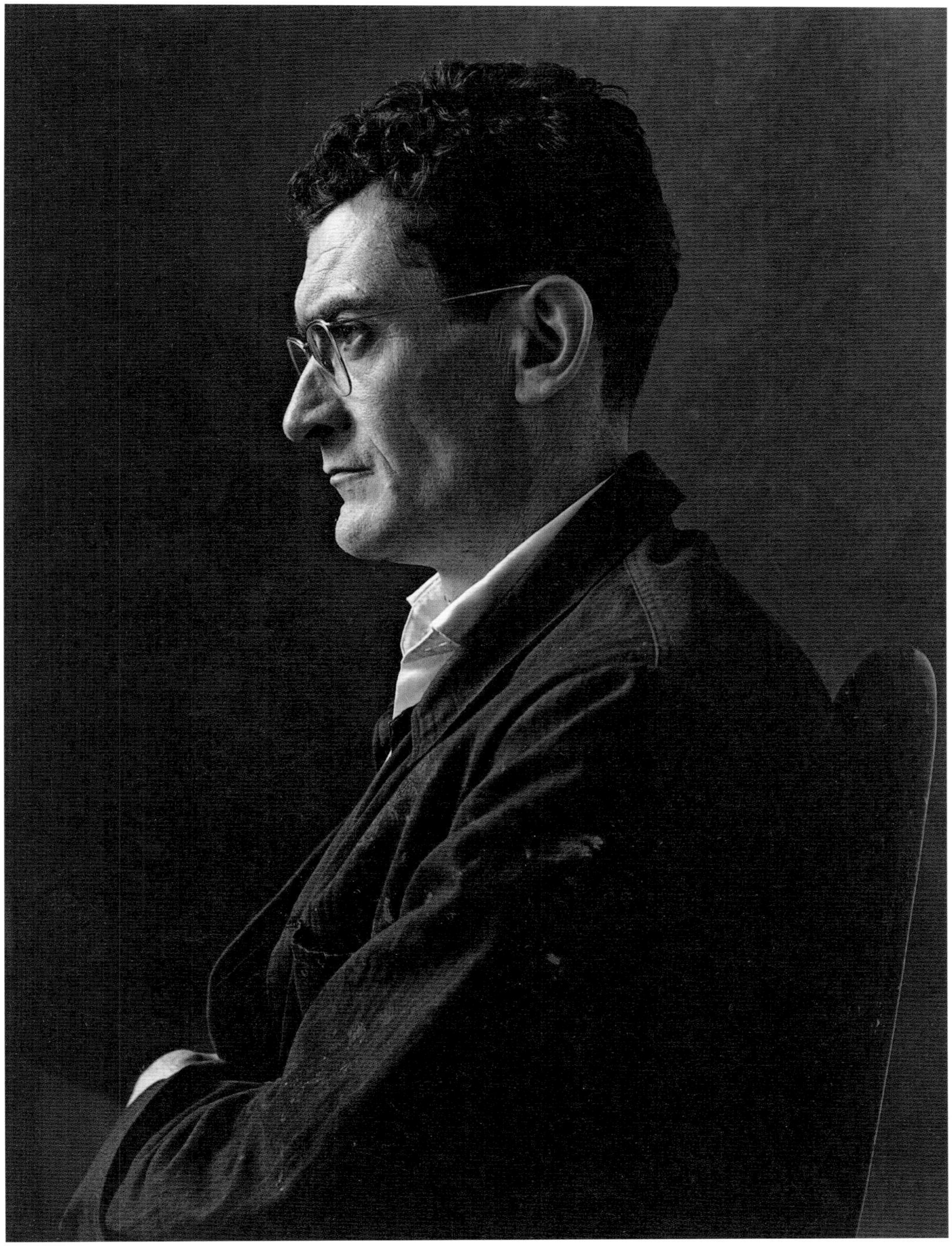

1958

Horst Janssen, geboren 1929 in Hamburg, gestorben 1995 ebenda, war nicht nur ein genialer „Menschenzeichner“ und berühmt für seine zahllosen Selbstbildnisse, sondern auch jemand, der hintergründige Scherze liebte. Gleichermaßen in der Bleistiftzeichnung wie in der Radierung zu Hause, stieß er auf der Suche nach sich selbst auf die Möglichkeit der Kopie nach Werken alter Meister. Zudem war er ein wunderbarer Erzähler und Autor, wenn es um ihn selbst und die Zeichnung ging. „Nichts ist einfacher, als meine ausgeleierte Hülle mit Sentimentalität zu stopfen.“

HORST JANSSEN

Horst Janssen, born in 1929 in Hamburg, where he died in 1995, was skilled at drawing people and famous for his many self-portraits, as well as being a person who enjoyed obscure jokes. Equally brilliant at pencil sketches and etching, he discovered the potential of copying works by the old masters. He was also a wonderful storyteller and author when it came to talking about himself and his work. “Nothing is easier than filling my worn-out shell up with sentimentality”.

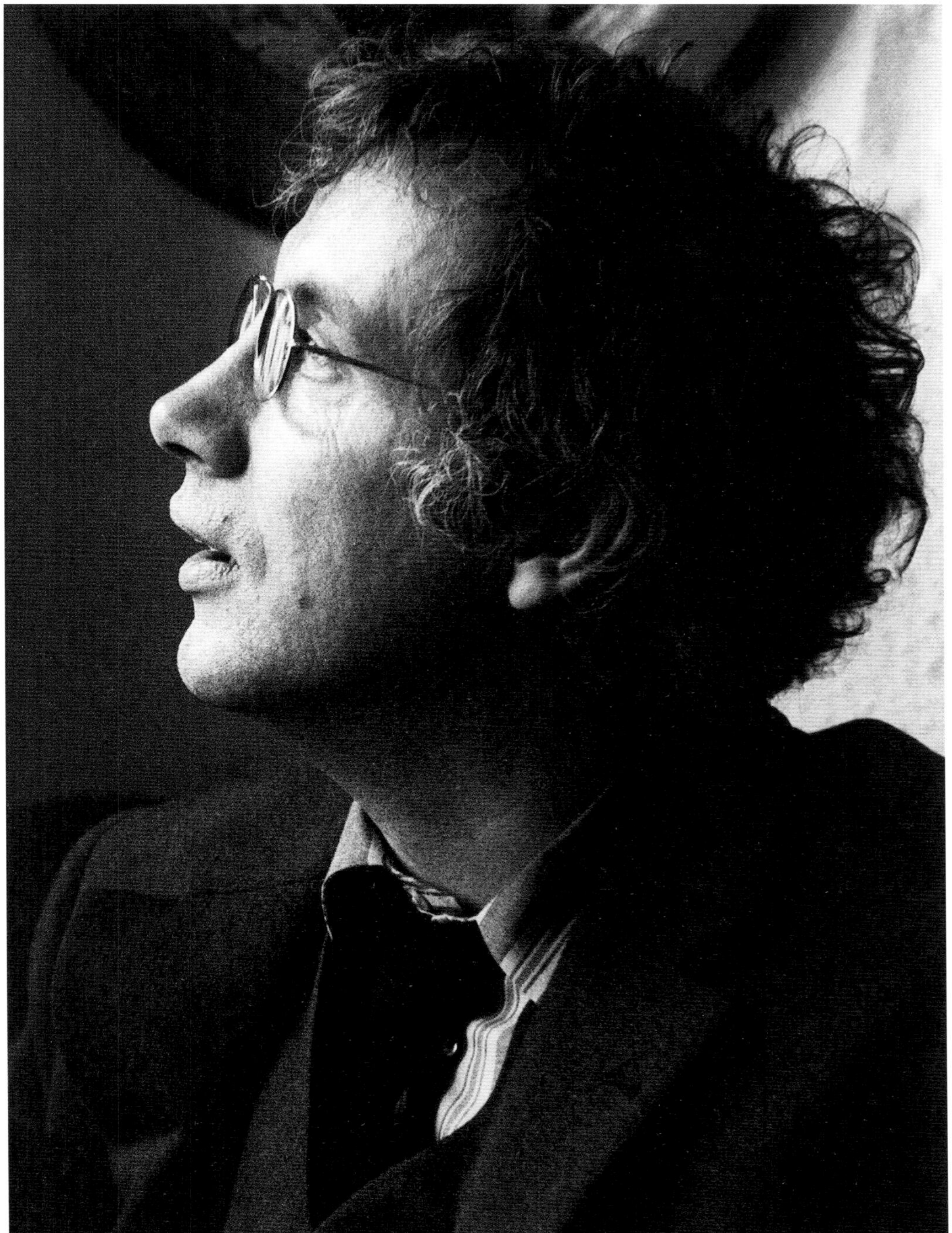

1973

Mark Tobey, geboren 1890 in Centerville/ Wisconsin, gestorben 1976 in Basel, lebte längere Zeit in Seattle und gilt als der typische Vertreter der Malerei der amerikanischen Westküste. Berühmt wurde er durch seine nach einer Japanreise 1934 entstandenen *White Writings,* mit denen er die gestische Kunst Jackson Pollocks vorwegnahm. Als Liebhaber kleiner Formate und zarter Farbnuancen wurde Tobey mitunter auch „Pollock intime“ genannt. „Ich glaube, Malerei sollte mehr durch die Wege der Meditation als durch die Kanäle der Aktion hervortreten.“

MARK TOBEY

Mark Tobey, born in 1890 in Centerville in Wisconsin, died in 1976 in Basel. He lived for several years in Seattle and is considered a typical representative of American West Coast painting. His *White Writings,* created after his trip to Japan in 1934, foreshadowed the gestural art of Jackson Pollock and brought him fame. An artist who preferred small formats and subtly nuanced colours, Tobey was also known as a "Pollock intime". "I think painting should be defined more via the paths of meditation than via the channels of action".

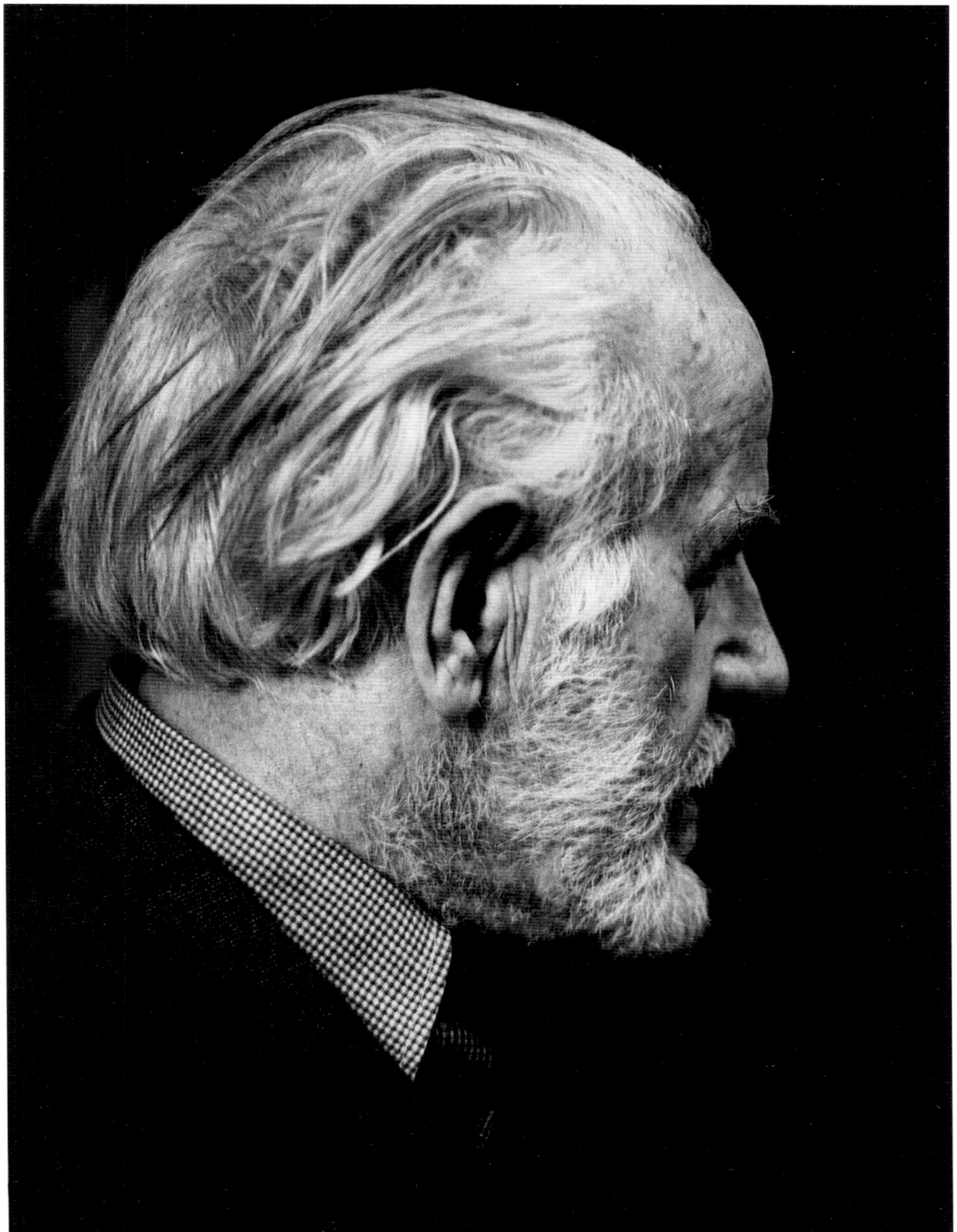

1967

Asger Jorn verglich den Künstler gerne mit einem Schamanen, der durch das Stochern in der Asche Gebilde magischer Art entdeckt. Geboren 1914 in Vejrum/Jütland, gestorben 1973 in Aarhus, wurde Jorn als Mitbegründer der Gruppe Cobra bekannt, in der sich Künstler aus Dänemark und den Beneluxstaaten nach dem Zweiten Weltkrieg zusammenschlossen. Ihr Ziel war es, der französischen Ästhetik die ursprüngliche Wildheit pastoser Farbigkeit und zeichenhafter Figurationen entgegenzusetzen. „Das Leben kann nur von uns persönlich (von uns als Individuum) gelebt werden, dies ist die unerbittliche Wahrheit von heute."

ASGER JORN

Asger Jorn often compared artists to shamans who discover magical objects by poking around in the ashes. Jorn was born in 1914 in Vejrum in Jutland/Denmark, and died in 1973 in Aarhus. He became known as a founding member of the Cobra Group, a post-war collaborative venture by artists from Denmark and the Benelux countries. Their goal was to counter French aesthetics by using impasto colouring with its authentic roughness and emblematic figures. "Life can only be lived by us personally (by us as individuals); that is the unavoidable truth of today".

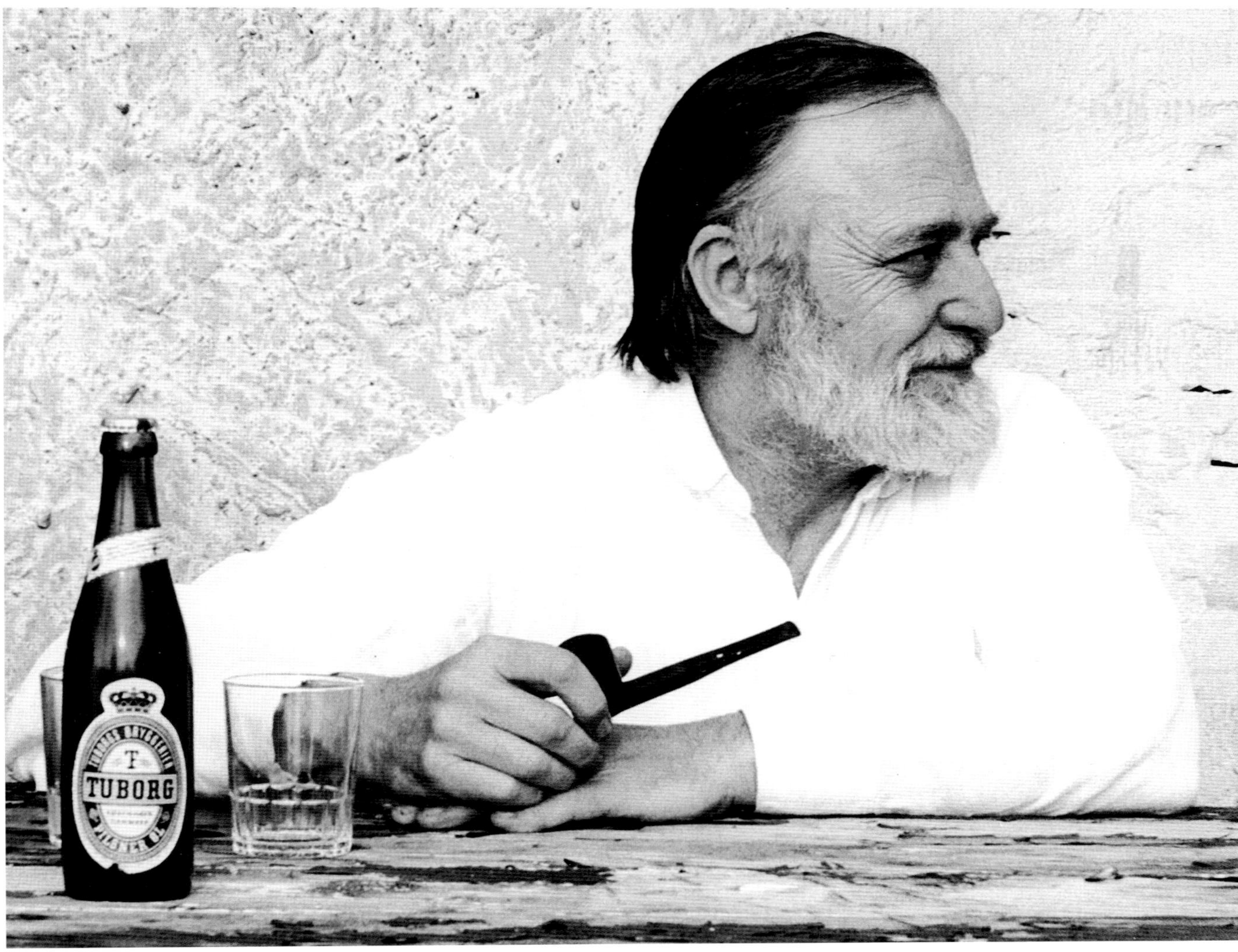

1971

Max Ernst, geboren 1891 in Brühl bei Bonn, gestorben 1976 in Paris, hat sowohl die Bewegung der Dadaisten wie danach die des Surrealismus durch die Erfindung (bzw. die Neuinterpretation) verschiedener bildnerischer „halbautomatischer" Techniken entscheidend beeinflusst: Dada durch die Collage, den Surrealismus durch die Frottage, Grattage und die Dripping-Technik, mit der die von den Surrealisten geforderte écriture automatique für die späteren abstrakten Expressionisten und Action Painters in New York fruchtbar wurde. „Mein Vagabundieren, meine Unruhe, meine Ungeduld, meine Zweifel, mein Glauben, meine Halluzinationen, meine Lieben, meine Zornesausbrüche, meine Revolten, meine Widersprüche … haben kein Klima geschaffen, das einem ruhigen, heiteren Werk günstig wäre."

MAX ERNST

Max Ernst, born in 1891 in Brühl near Bonn, died in 1976 in Paris, greatly influenced the Dadaist movement and the later Surrealists with his invention (or new interpretation) of various "semi-automatic" artistic techniques: Dada via collage, Surrealism via frottage, grattage, and the "drip and splash" technique, which was promoted by the Surrealists as écriture automatique, and was subsequently a source of inspiration for the Abstract Expressionists and Action Painters in New York. "My vagabond life, my unrest, my impatience, my doubts, my faith, my hallucinations, my life, my outbreaks of temper, my revolts, my contradictions … have not created a climate that benefits a calm, cheerful work".

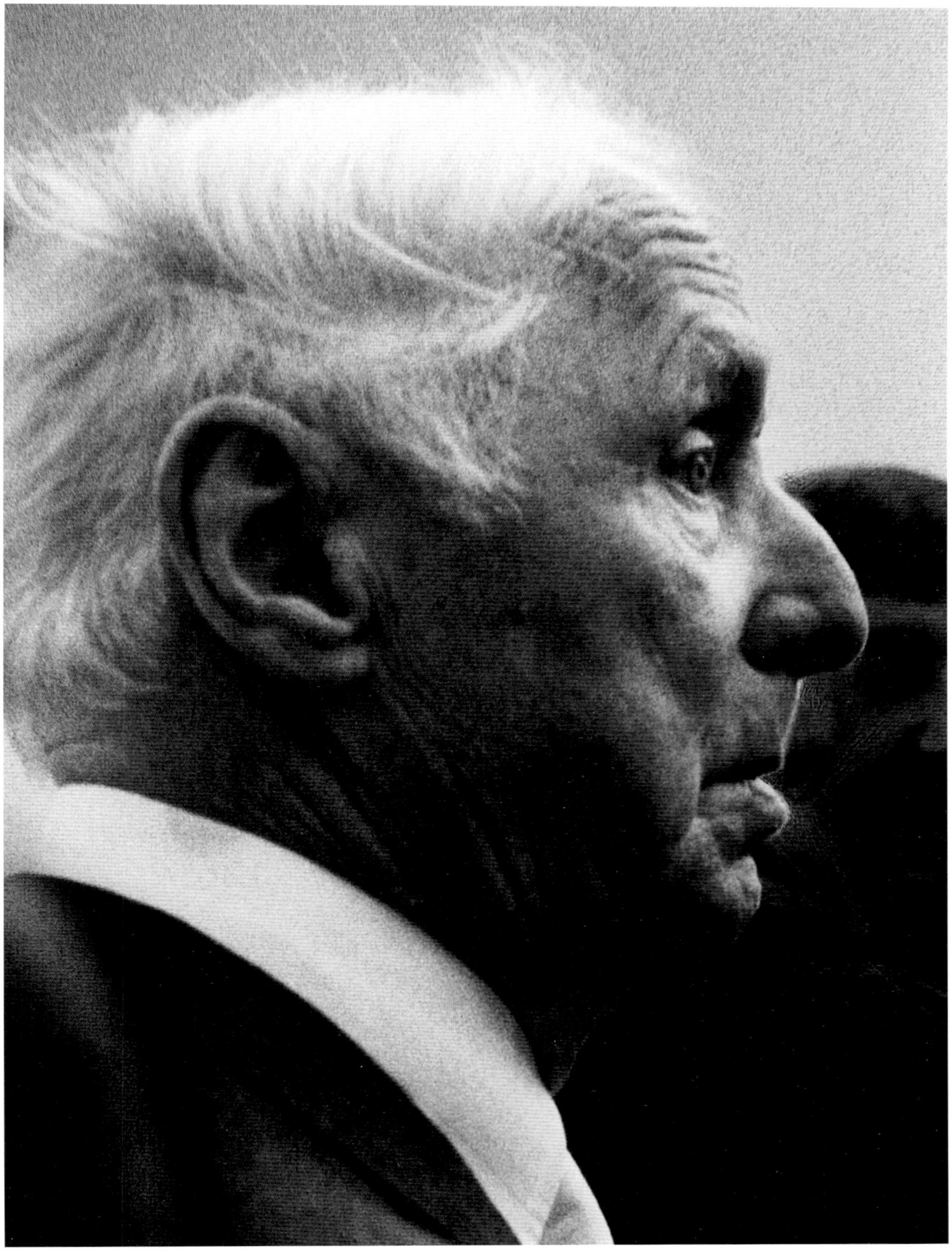

1974

Der Schweizer Max Bill – geboren 1908 in Winterthur, gestorben 1994 in Berlin – nimmt im Bewusstsein der Kunstöffentlichkeit vor allem die Rolle des herausragenden Vertreters der in Zürich blühenden konkreten Malerei und Bildhauerei ein, was jedoch der Vielseitigkeit dieses Künstlers nicht gerecht wird. So organisierte er unter anderem mehrere Ausstellungen zur konkreten Kunst, gründete und leitete in den 1950er Jahren die Hochschule für Gestaltung in Ulm, war nationaler Abgeordneter im Berner Parlament und trat als Architekt, als Kunsttheoretiker und nicht zuletzt als Produktdesigner hervor, der keinen Unterschied zwischen freier und angewandter Kunst anerkannte. „Unsere heutige Aufgabe ist es … aus unseren Erkenntnissen heraus alles zu fördern, was geeignet ist, eine Zukunft in Frieden und Freiheit zu gewährleisten."

MAX BILL

The Swiss artist Max Bill – born in 1908 in Winterthur, died in 1994, in Berlin – his extensive knowledge of the art scene made him the best representative of the then blossoming Concrete Art – in this case, painting and sculpture – movement in Zürich. However, this does not do justice to this artist's diversity. He organised, for example, many exhibitions on Concrete Art, he founded and ran the School of Design in Ulm in the 1950s, he was a Member of the Bern Parliament and he worked as an architect, art theoretician and product designer, without differentiating between the fine and applied arts. "Our task is to … demand everything from our insights that can be used to create a future of peace and freedom".

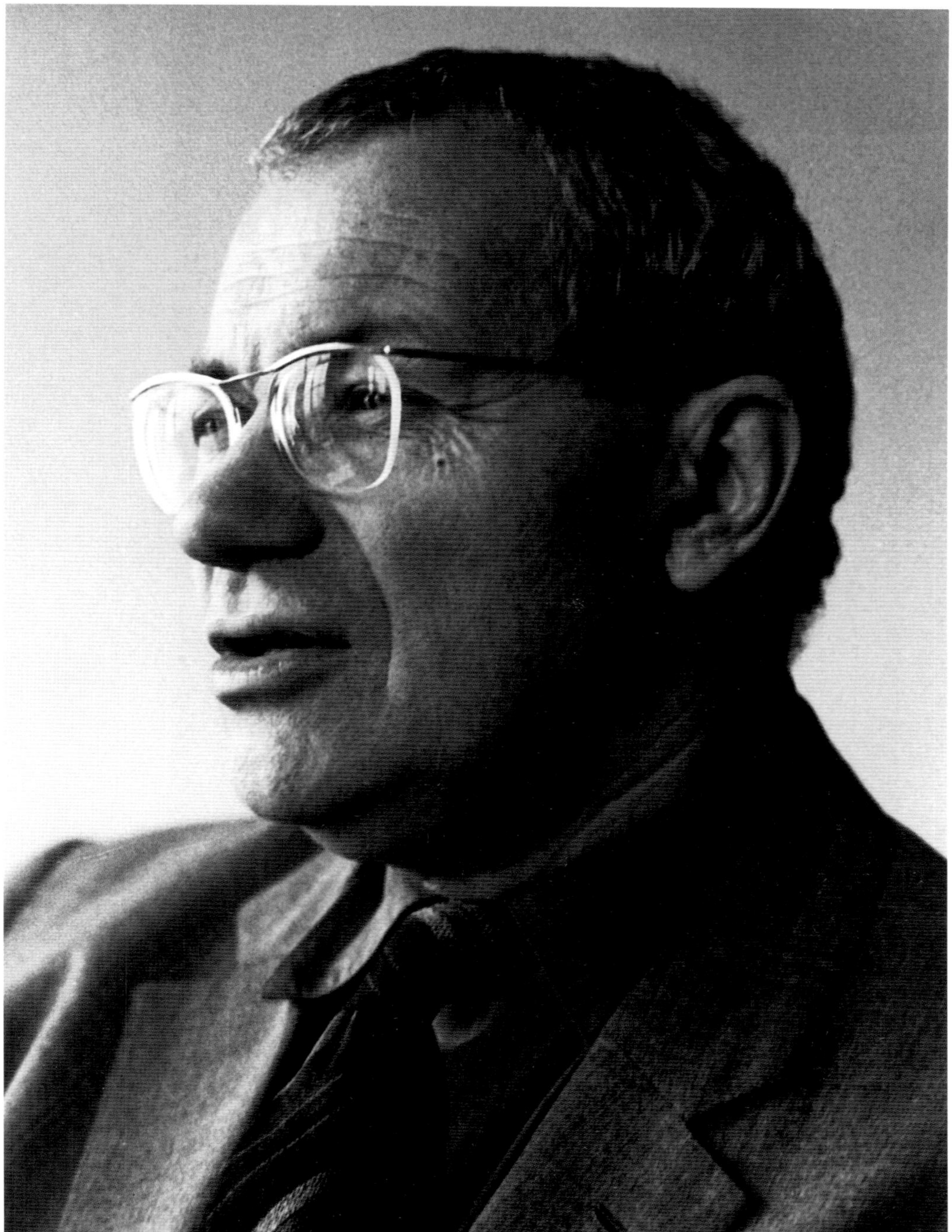

1968

Jesús Rafael Soto, geboren 1923 in Ciudad Bolívar/ Venezuela, gestorben 2005 in Paris, wurde als Vertreter der Op-Art bekannt, unter deren Protagonisten er ein eher stiller Kollege war. Seine vibrierenden, aus Fäden und/ oder Stiften vor einer geometrischen Fläche bestehenden Objekte schaffen die Illusion einer Bewegung, die jedoch stärkeren gedanklichen als realen Charakter besitzt, und mehr von der Bewegung des Betrachters als von der des Objektes ausgeht. „Der Raum ist das Anliegen des Malers. Perspektive will nur eines: die Illusion der Tiefe geben. Mein Ziel ist die Illusion der Beweglichkeit hervorzurufen statt der von Tiefe."

JESÚS RAFAEL SOTO

Jesús Rafael Soto, born in 1923 in Ciudad Bolívar in Venezuela, died in 2005 in Paris, was known as a protagonist of Op Art, albeit one of the calmer exponents of this style. His vibrating objects, made of threads and/or pins placed in front of geometric surfaces, create the illusion of movement that is apprehended rather than experienced, and is derived from the movement of the viewer rather than the object itself. "Space is what concerns the painter. Perspective wants to achieve one thing only: the illusion of depth. My goal is to make the illusion of movement, and not of depth, stand out".

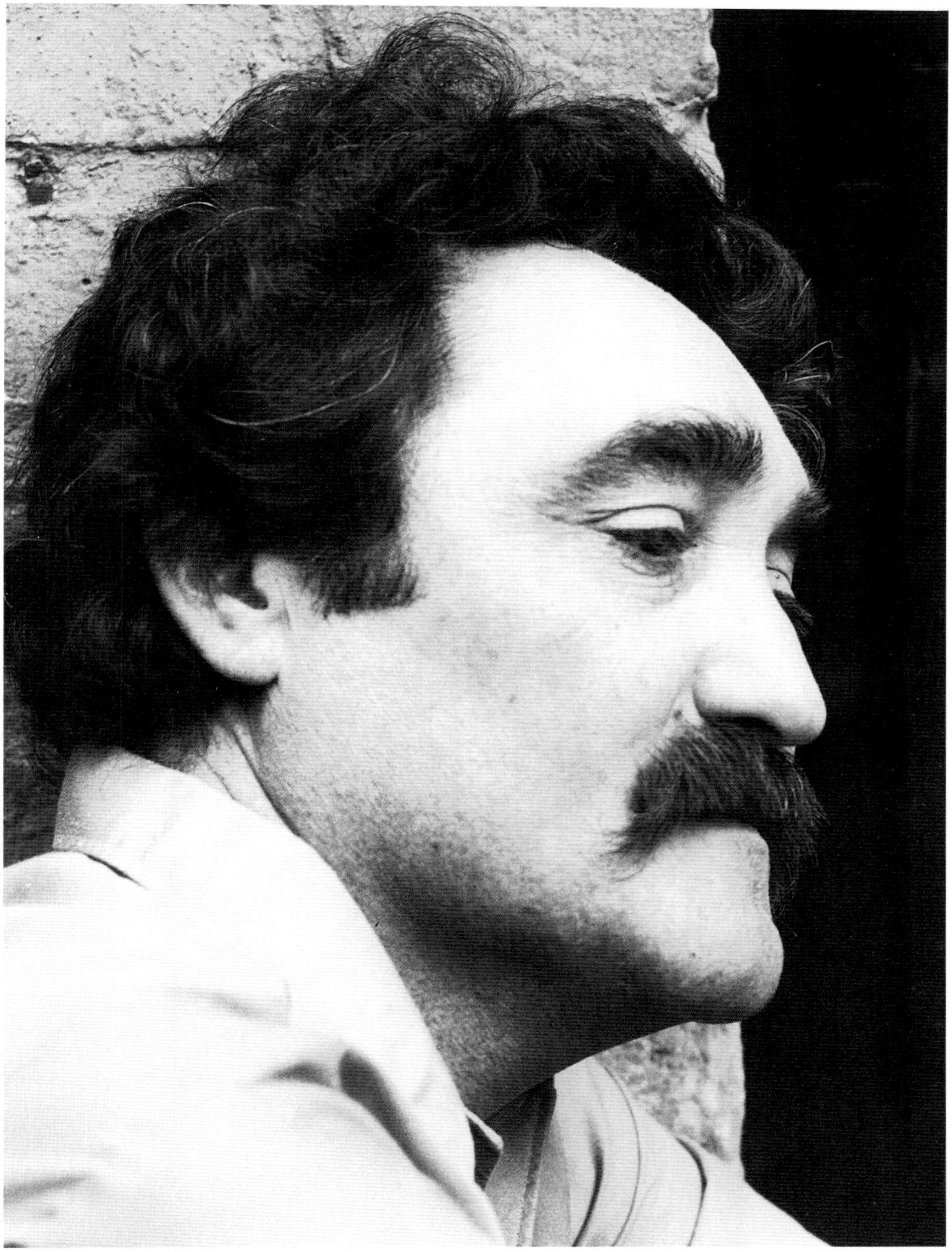

1968

Roberto Matta, eigentlich Roberto Antonio Sebastian Matta Echaurren, geboren 1911 in Santiago de Chile, arbeitete zunächst als Architekt, wurde dann aber zum Bildhauer und Maler. 1937 schloss er sich in Paris der Gruppe der Surrealisten um André Breton an und gab ihr mit seinen Buntstiftzeichnungen neue Impulse. In New York, wo er ab 1939 lebte, wurden Anregungen aus seinem Schaffen von der Generation amerikanischer Maler um Jackson Pollock aufgegriffen. 1948 kehrt Matta, enttäuscht von den künstlerischen Entwicklungen in den USA, nach Europa zurück. Im Jahr 2002 starb er in Rom. „Ich habe mit meiner Malerei begonnen, die zunächst nichts anderes als eine Malerei der Wut und des Protestes war, denn wenn man in einer feindseligen Welt lebt, kommt man über den Protest nicht hinaus."

ROBERTO MATTA

Roberto Matta, or rather Roberto Antonio Sebastian Matta Echaurren, was born in 1911 in Santiago de Chile and worked initially as an architect, moving on to become a sculptor and painter. In 1937 he joined the Surrealist group in Paris that was linked to André Breton, contributing new ideas with his colour pencil drawings. In New York, where he lived from 1939 onwards, his work gave new impulses to Jackson Pollock's generation of American painters. In 1948 Matta, disappointed by art developments in the USA, returned to Europe. He died in 2002, in Rome. "I began with painting, which initially was nothing more than the painting of anger and protest, since if you live in a hostile world, you cannot get away from protest".

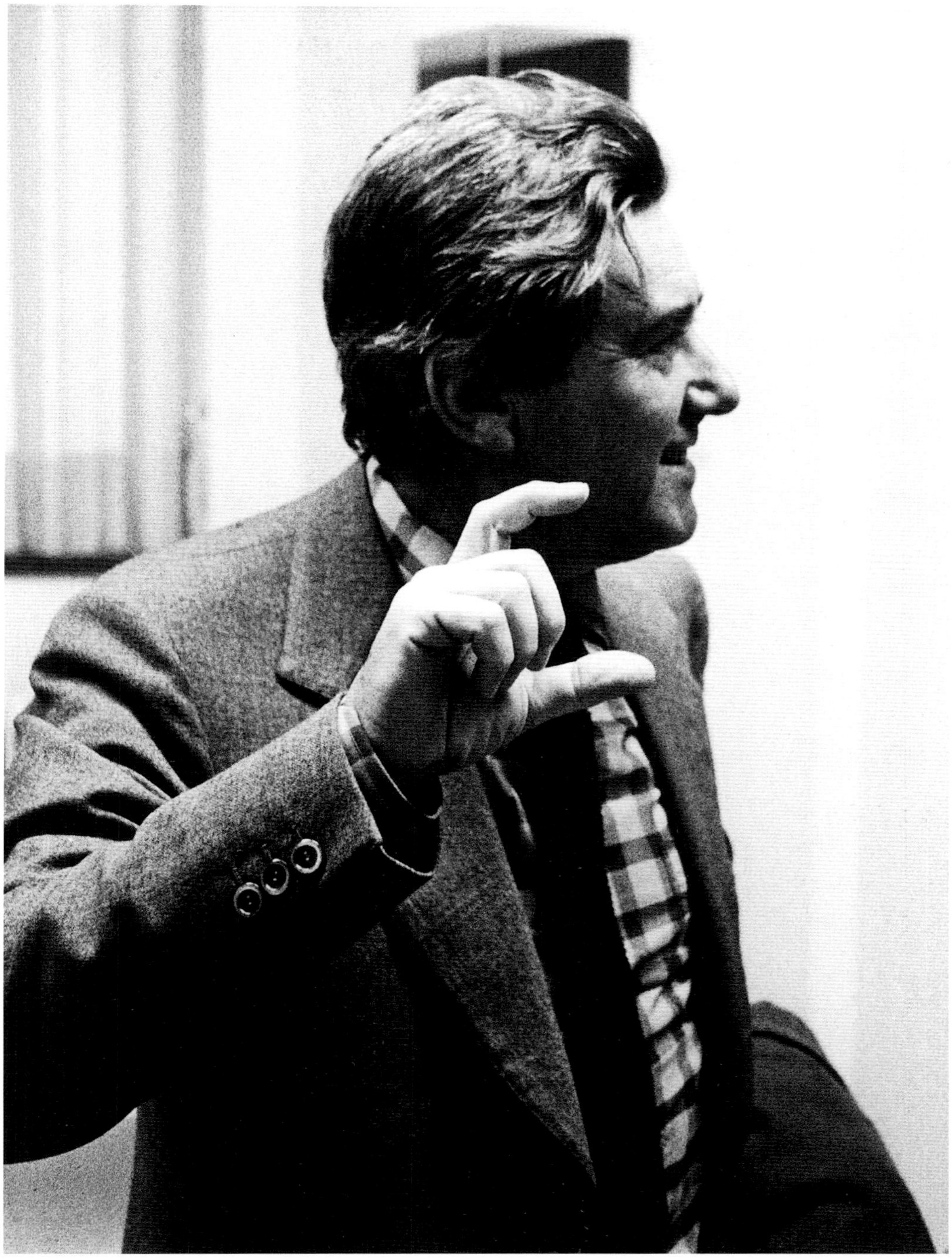

1973

Wifredo Lam, geboren 1902 in Sagua La Grande/Kuba, gestorben 1982 in Paris, teils chinesischer, teils afrikanischer, teils indianischer sowie europäischer Abkunft, ging 1923 zunächst nach Spanien und 1938 nach Paris, wo er 1982 auch starb. Hier war er zunächst von Pablo Picasso beeinflusst, ehe er sich den Surrealisten anschloss. Die Zeit des Zweiten Weltkriegs verbrachte er wieder in Kuba, wo er die Dschungelbilder schuf, für die er berühmt ist und die eine von Voodooritualen und ihren fantastischen Figurationen durchdrungene, waffenstarrende Welt des Urwalds zeigen. „Im Prado hatte ich den Eindruck, zu einem außerordentlichen Bankett eingeladen zu sein, wo man mir dennoch nicht zu essen gab, was ich mir wünschte."

WIFREDO LAM

Wifredo Lam, born of Chinese, African, Indian and European descent in 1902 in Sagua La Grande in Cuba, died in 1982 in Paris. In 1923 he travelled to Spain and then, in 1938, to Paris, where he died in 1982. He was initially influenced by Pablo Picasso, before becoming involved with the Surrealists. He spent the years of the Second World War in Cuba, creating the jungle paintings that made him famous; they display the world of the tropical forest, imbued with voodoo rituals and fantastical figures, bristling with weapons. "In the Prado I had the impression of being invited to an extraordinary banquet where nobody gave me food that I wanted to eat".

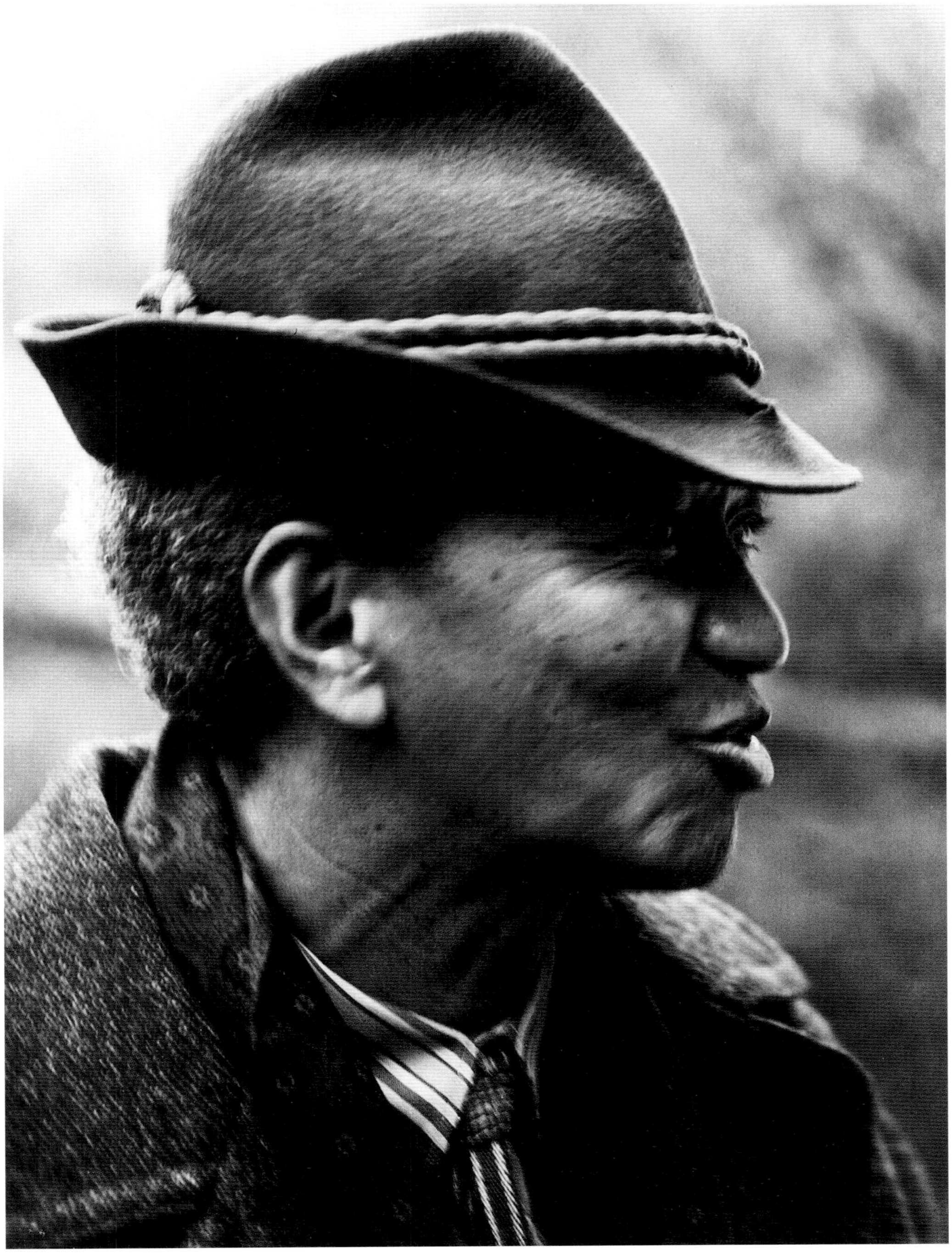

1967

Renato Guttuso, geboren 1912 in Bagheria bei Palermo, gestorben 1987 in Rom, zählte (als Mitglied der Kommunistischen Partei Italiens) zu den politisch engagierten Künstlern seiner Zeit, wobei er jedoch in seinem Werk konsequent jede Berührung mit dem sozialistischen Realismus vermieden hat. Wie sich in seinem Bild *Caffè Greco* (1976) in Rom Persönlichkeiten aus verschiedenen Zeiten (von Buffalo Bill bis hin zu Giorgio de Chirico) treffen, die einmal dort verkehrten, so verbindet er in seinen Gemälden Anspielungen und Zitate aus unterschiedlichen Quellen zu einer farbenfrohen Collage.

RENATO GUTTUSO

Renato Guttuso, born in 1912 in Bagheria near Palermo, died in 1987 in Rome, was – as a member of the Communist Party of Italy – one of the most politically committed artists of his time. In his work, however, he consistently avoided any form of Socialist Realism. In his paintings he links allusions and quotations from different sources in colourful collages, as in his Caffè Greco (1976), which depicts people from different centuries (from Buffalo Bill to Giorgio de Chirico) meeting in Rome, a place they had all visited.

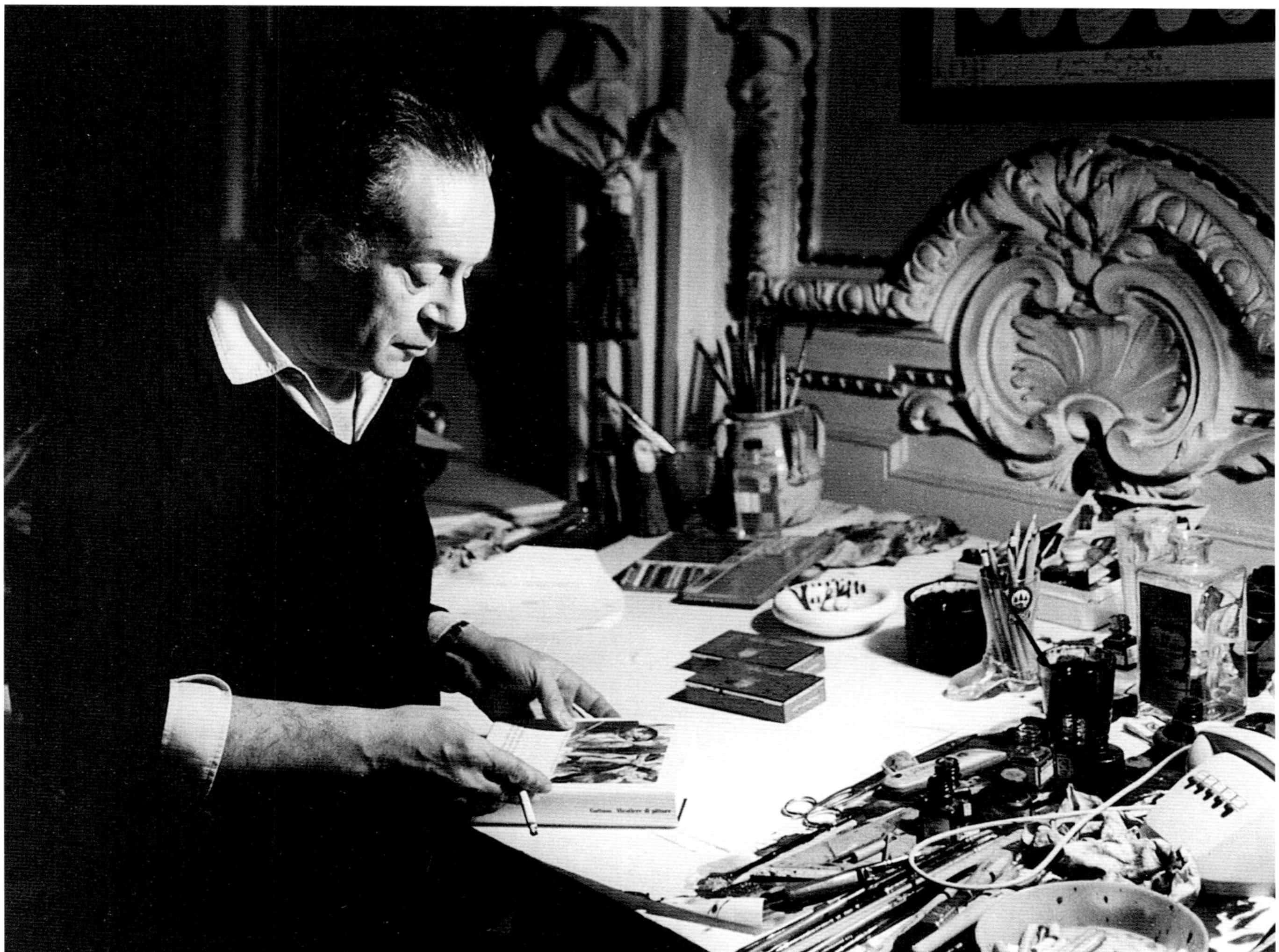

1972

Fabrizio Plessi, Video- und Installationskünstler, wurde 1940 in Reggio Emilia geboren, ist aber seit Jahren ein selbstverständlicher Bürger von Venedig, wo er bereits sein Studium an der Accademia di Belli Arti absolvierte. Das Wasser und seine Bewegung sind das Hauptthema seiner Videoskulpturen, Filme und Installationen. Als Bühnenbildner arbeitet er sowohl für die Oper wie auch für das Theater.

FABRIZIO PLESSI

Fabrizio Plessi, video and installation artist, was born in 1940 in Reggio Emilia, Italy, and has for many years been a devoted citizen of Venice, where he studied at the Accademia di Belli Arti. Water and its movement are the main theme of his video sculptures, films and installations. He also works as a set designer for the opera and theatre.

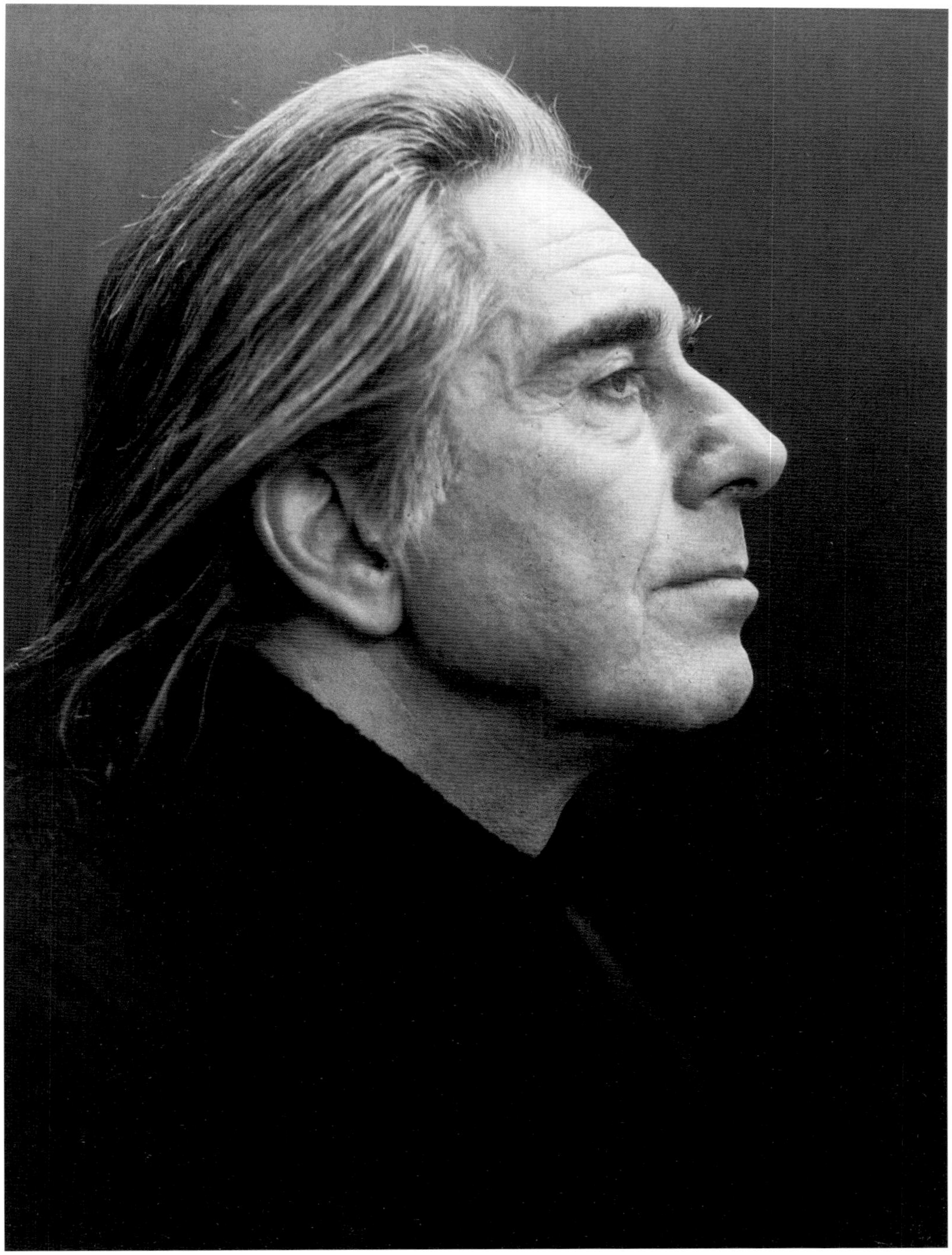

2004

Bernard Schultze, geboren 1915 in Schneidemühl/ Westpreußen, gestorben 2005 in Köln, wurde mit der legendär gewordenen Ausstellung der Gruppe Quadriga 1952 in der Zimmergalerie Franck in Frankfurt am Main bekannt und als Vertreter einer „informellen" Kunst berühmt. Mit seinen *Migofs,* Gebilden aus Draht und bemaltem Pappmaché, hat Bernard Schultze später seine tachistischen Leinwände verlassen – die Bildfläche war ihm zu wenig – und ist in die dritte Dimension einer fantastischen Figuration vorgestoßen. „Das Labyrinth ist mein Schutz. Wieder spielt hier das Angstgefühl hinein. Ich denke an Franz Kafkas Maulwurf-Erzählung … Ausgänge wurden zugeschüttet. Es gibt nur fingierte Ausgänge."

BERNARD SCHULTZE

Bernard Schultze, born in 1915 in Schneidemühl in West Prussia, died in 2005 in Cologne. He was connected with the Art Informel movement and came to fame thanks to the legendary Gruppe Quadriga exhibition in 1952, in the Zimmergalerie Franck in Frankfurt am Main. Bernard Schultze later set aside his Tachist canvases – the two-dimensional plane was not enough for him – and worked in a three-dimensional world of fantastical figures, creating his so-called *Migofs,* structures made of wire and painted papier mâché. "The labyrinth is my defence. Here too, the feeling of fear plays a role. I am thinking of Franz Kafka's story of the mole … exits blocked with earth. There are only imaginary exits".

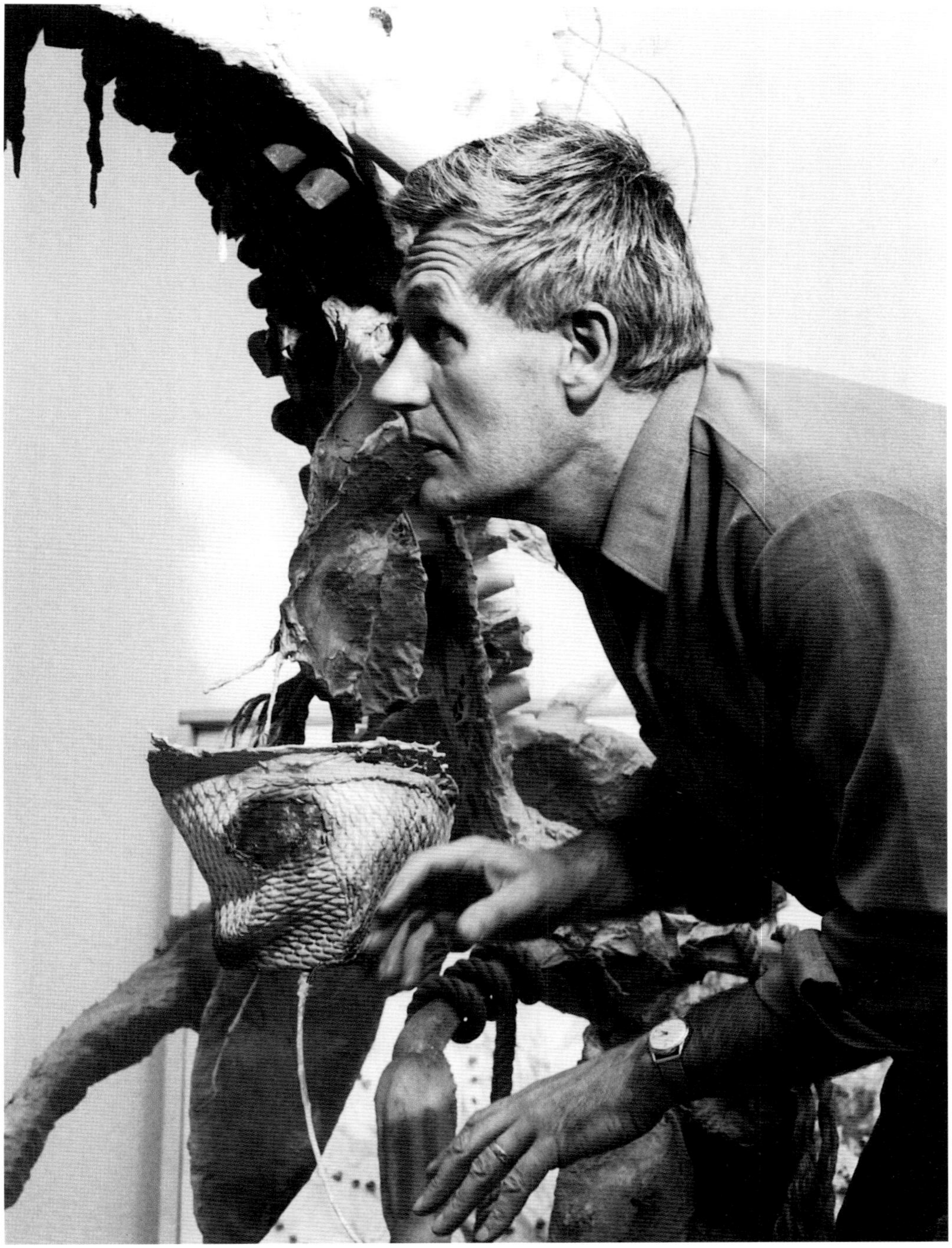

1970

Ursula Schultze-Bluhm, geboren 1921 in Mittenwalde/Brandenburg, gestorben 1999 in Köln, verheiratet mit dem Maler Bernard Schultze, wurde unter ihrem Vornamen „Ursula" bekannt. Nur mit ihm pflegte sie ihre Bilder zu signieren. Der Maler Jean Dubuffet rechnete ihre spielerisch mit Versatzstücken aus der Welt der Geistesgestörten und Kinder-Kunst umgehenden Bilder zur Art Brut, wobei sich in Ursulas Arbeiten die Idylle schnell zu einem Alptraum wandelt.

URSULA SCHULTZE-BLUHM

Ursula Schultze-Bluhm, born in 1921 in Mittenwalde in Brandenburg, died in 1999 in Cologne, was married to the painter Bernard Schultze. She was known by her first name "Ursula", which was how she signed her paintings. The painter Jean Dubuffet defined her playful works, which are full of set pieces from the world of the mentally disturbed and from the art of children, as Art Brut. Yet Ursula's works could shift swiftly from idyllic to nightmarish modes.

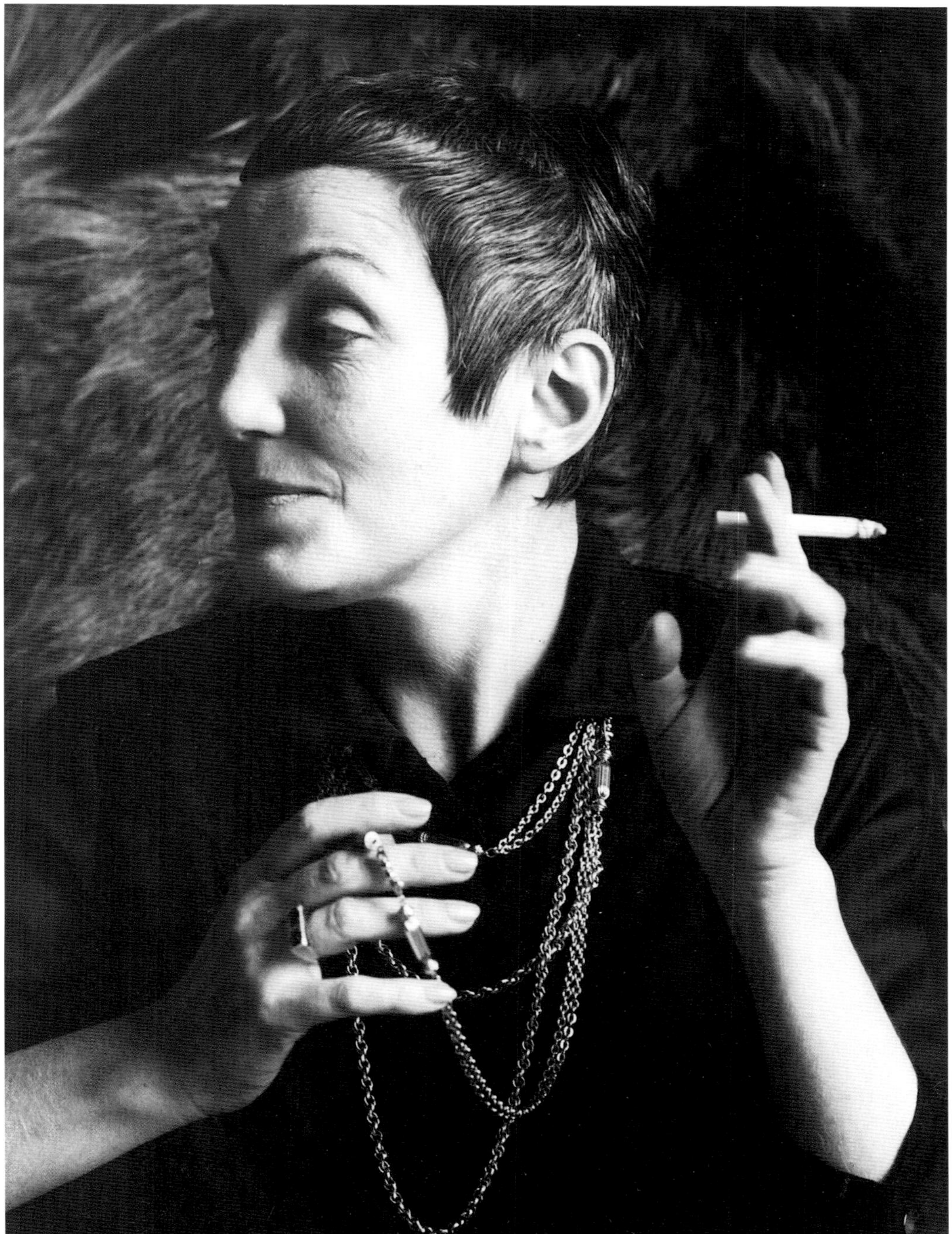

1970

Michelangelo Pistoletto, geboren 1933 in Biella/Italien, wurde zunächst als Vertreter der Arte Povera bekannt, der Installationskunst mit Alltagsmaterialien, später wandte er sich u. a. auch der Aktionskunst zu. Den künstlerischen Durchbruch erlebte er Anfang der 1960er Jahre mit seinen Spiegelbildern: fotografierten Figuren auf glanzpoliertem Inox-Stahl. Seither hat das Werk Pistolettos zwei Gesichter, die Spiegel und ihre Reflexionen einerseits, Aktionen und Happenings andererseits. „Der Sinn und das Ergebnis meiner Spiegelbilder war Kunst bis an den Rand des Lebens zu tragen mit der Absicht, das System, in dem beide funktionieren, zu überprüfen."

MICHELANGELO PISTOLETTO

Michelangelo Pistoletto, born in 1933 in Biella in Italy, became known as an Arte Povera artist, creating Installations with everyday materials, before moving on to Action Art, among other styles. His artistic breakthrough came at the beginning of the 1960s with his mirror pictures: photographs of figures on highly polished Inox steel. Since then, Pistoletto's work has had two faces: the mirror and its reflections on the one hand, actions and happenings on the other. "The meaning and the outcome of my mirror pictures was to take art to the edge of life with the aim of investigating the system within which both operate".

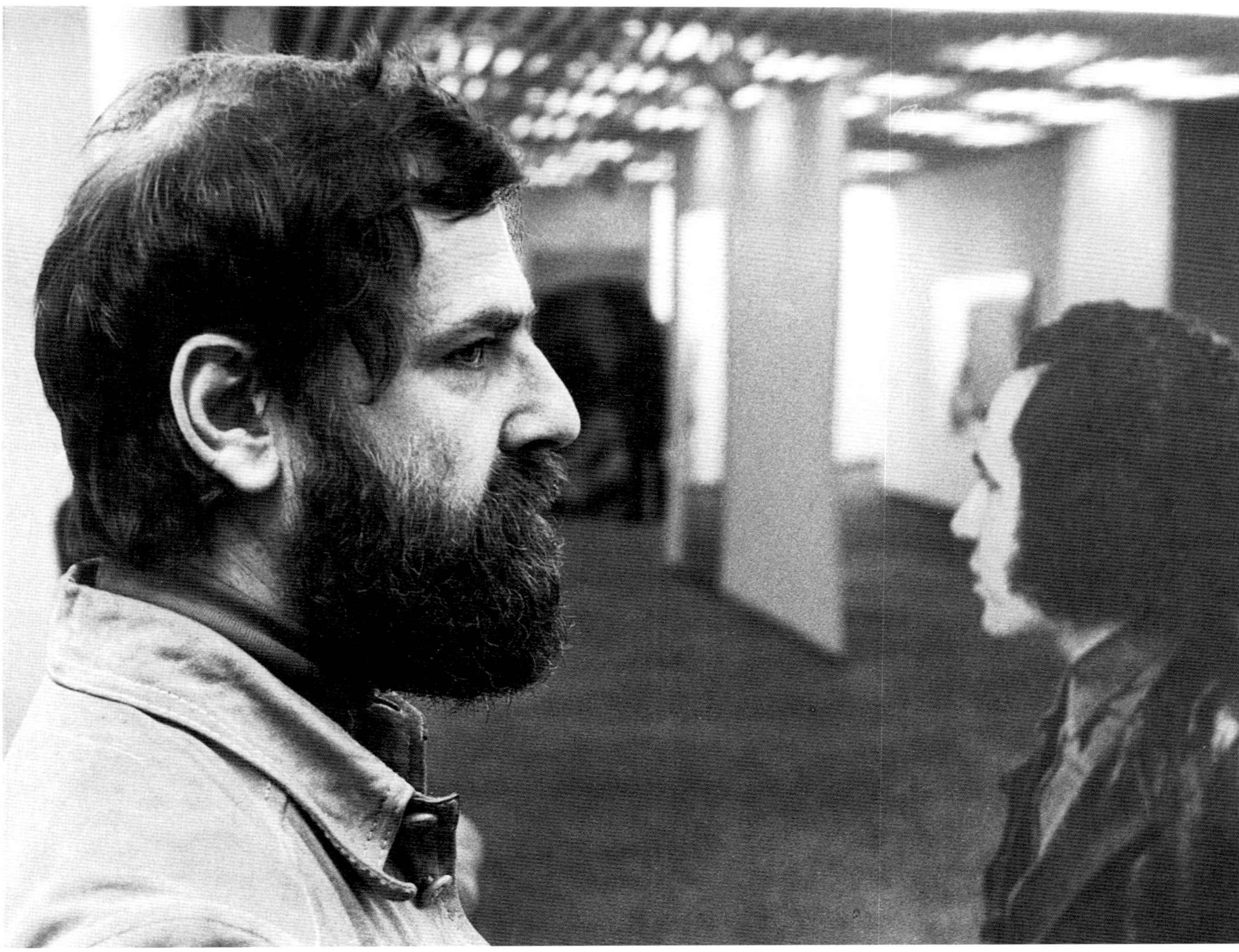

1974

Gerhard Richter wurde 1932 in Dresden geboren, wo er zunächst an der Kunstakademie studierte. 1960 ging nach Westdeutschland, heute lebt er in Köln. Mit seinen grau verwischten, unscharfen Bildern nach Amateurfotografien, auch aus der eigenen Familie, machte er sich früh einen Namen. Die späteren monochromen Farbtafeln, dann die stark farbig abstrakten und schließlich wieder realistischen Bilder addieren sich zum Lebenswerk eines Malers, der sich insistierend gegen jede Art von stilistischer Festlegung wehrt. „Meine Methode oder meine Erwartung, die mich sozusagen zum Malen antreibt, ist Widerstand..."

GERHARD RICHTER

Gerhard Richter was born in 1932 in Dresden, where he studied at the Academy of Art. In 1960 he left for West Germany; today he lives in Cologne. He came to fame early with his grey, blurred, out-of-focus pictures based on amateur photographs, sometimes of his own family. His later monochrome artwork, which was succeeded by colourful and starkly abstract, and ultimately realistic work, has contributed to the oeuvre of a painter who has always resisted all attempts to reduce his work to a specific style. "My method or my expectations, which drives me to paint, could be described as resistance..."

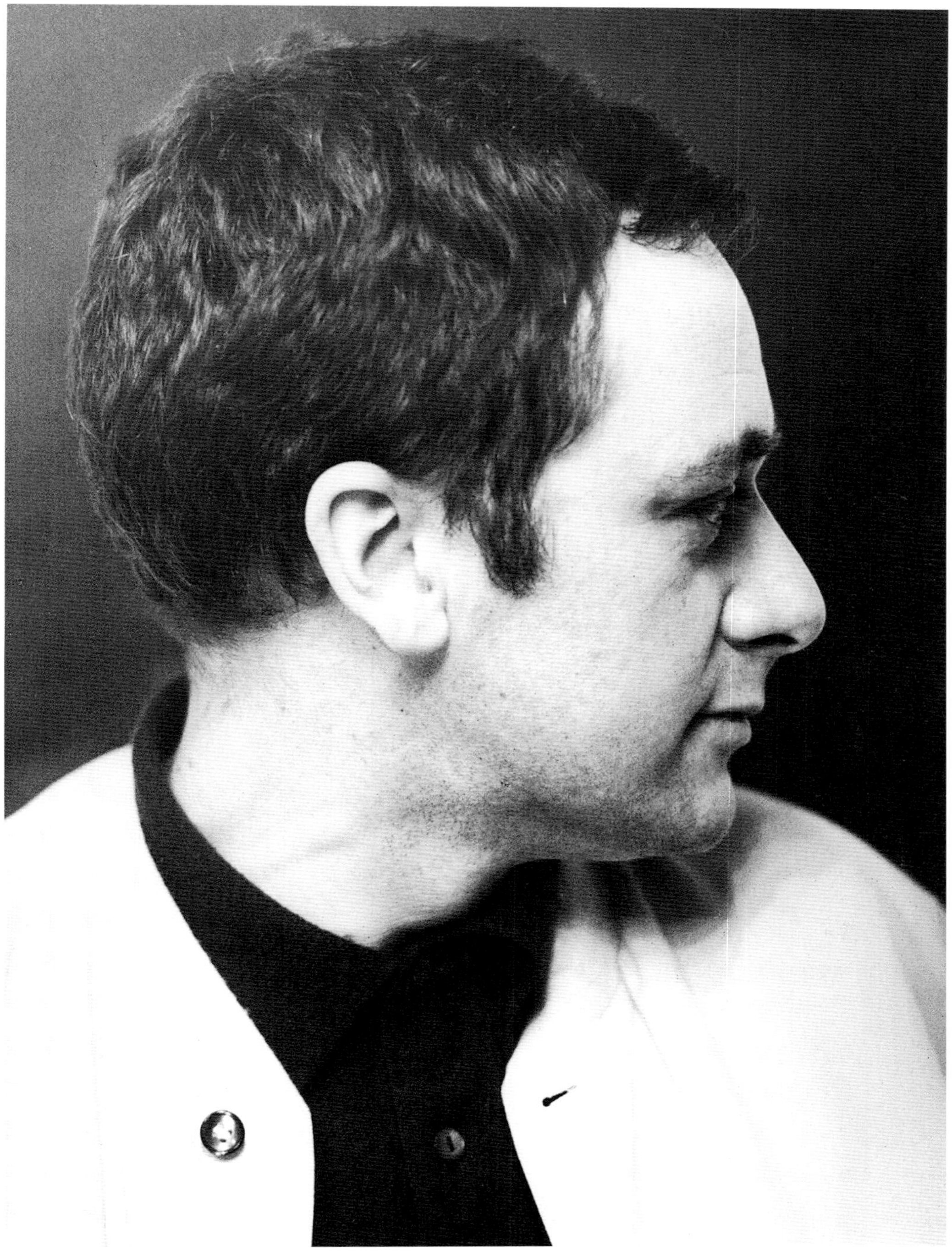

1969

Konrad Klapheck, geboren 1935 in Düsseldorf, fiel bereits 1955 an der dortigen Kunstakademie in der Klasse Bruno Goller auf, als er, entgegen dem in Mode gekommenen Tachismus, das exakte Abbild einer Schreibmaschine malte. Seitdem ist Klapheck als Maler der „Maschinenbilder“ bekannt geworden, denen er gerne Titel gibt, die auch auf die allegorische Bedeutungsebene seiner Arbeiten verweisen. „Ich malte die Maschine, um etwas Besonderes zu tun, um mich auf eine unverwechselbare Weise zu verewigen. Stattdessen hat sie mich zur Erkenntnis der Vergänglichkeit geführt.“

KONRAD KLAPHECK

Konrad Klapheck, born in 1935 in Düsseldorf, first attracted attention in 1955 when studying at the local Art Academy with the painter Bruno Goller. Rejecting the trend for Tachism, which was fashionable at the time, he painted an exact image of a typewriter. Klapheck has since become known as the creator of "machine paintings". He often gives his works titles that allude to allegorical layers of meaning. "I painted the machine in order to do something extraordinary, in order to immortalise myself in an incomparable way. Instead, it has demonstrated the reality of transience to me".

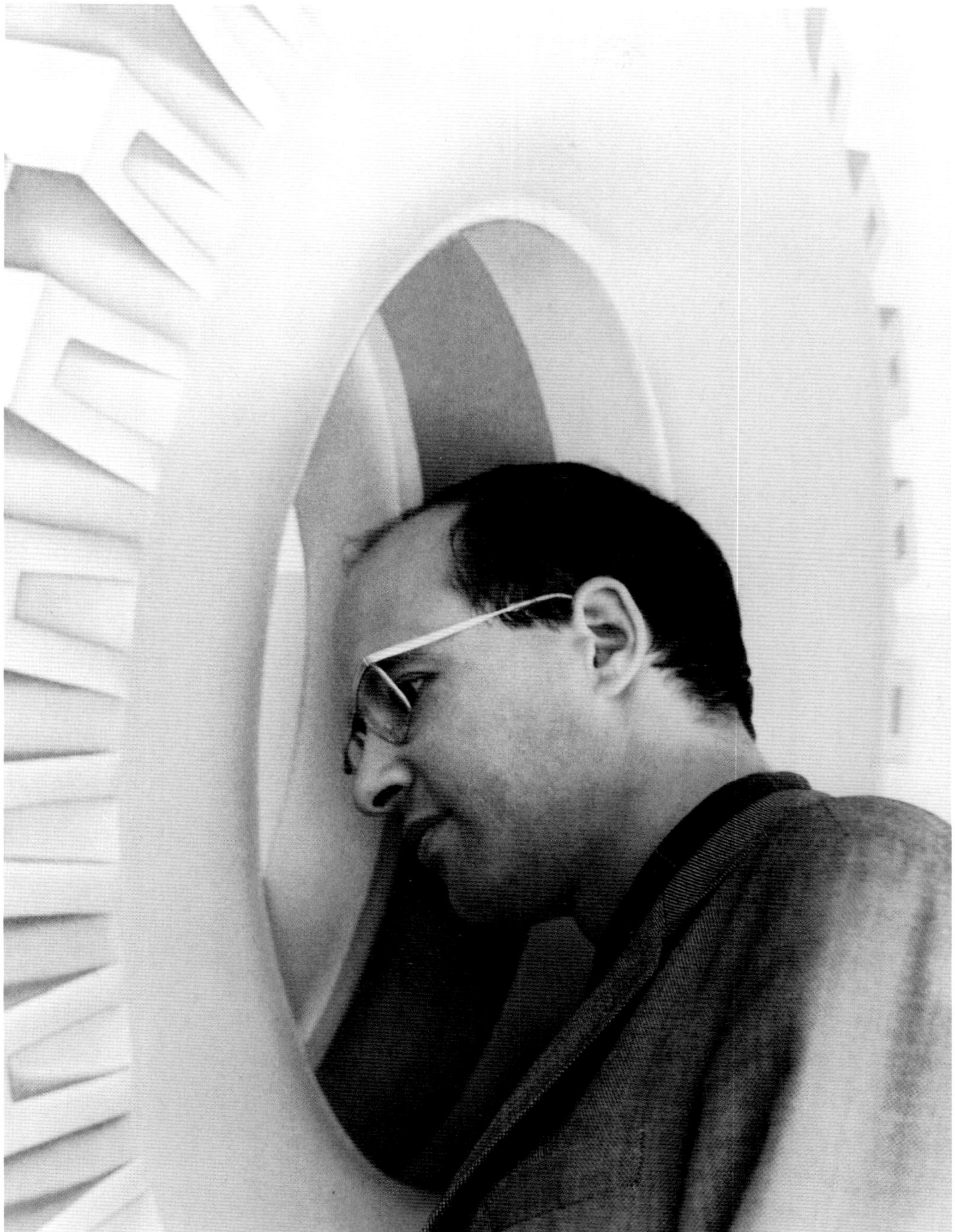

1968

Heinz Mack, 1931 in Lollar/Hessen geboren, arbeitete zwischen 1958 und 1964 zusammen mit Otto Piene und Günther Uecker im Zusammenhang der europäischen Künstlergruppe ZERO. Licht und Bewegung, Metall und Glas waren die Komponenten einer elementaren Formensprache, die eher die Philosophie des Bauhaus reflektierte als den Fortgang der Kunstgeschichte. Mack, der Lichtreliefs und Lichtwürfel aus Metall und Glas baute, konzentrierte sich nach 1963 ganz auf lichtkinetische Skulpturen. „Ich glaube, dass ich auch als Künstler meiner Zeit mit Materialien meiner Zeit, ganz ähnlich wie alle Künstler … vor dem gleichen Problem stehe, indem ich gehalten bin, die Materien, das Materielle zu entmaterialisieren."

HEINZ MACK

Heinz Mack, born in 1931 in Lollar, in Hessen, Germany, worked between 1958 und 1966 with Otto Piene and Günther Uecker as part of the Zero Group of European artists. Light and movement, together with metal and glass, constituted the components of an elementary language of form that reflected the philosophy of the Bauhaus movement, rather than a new development in the history of art. After 1963, Mack, who had been making light installations involving reliefs and cubes in metal and glass, concentrated entirely on kinetic light sculptures. "I think that as an artist of my time, using the materials of my time, … I am confronted with the same problem, like all artists, of being forced to dematerialise matter, the material".

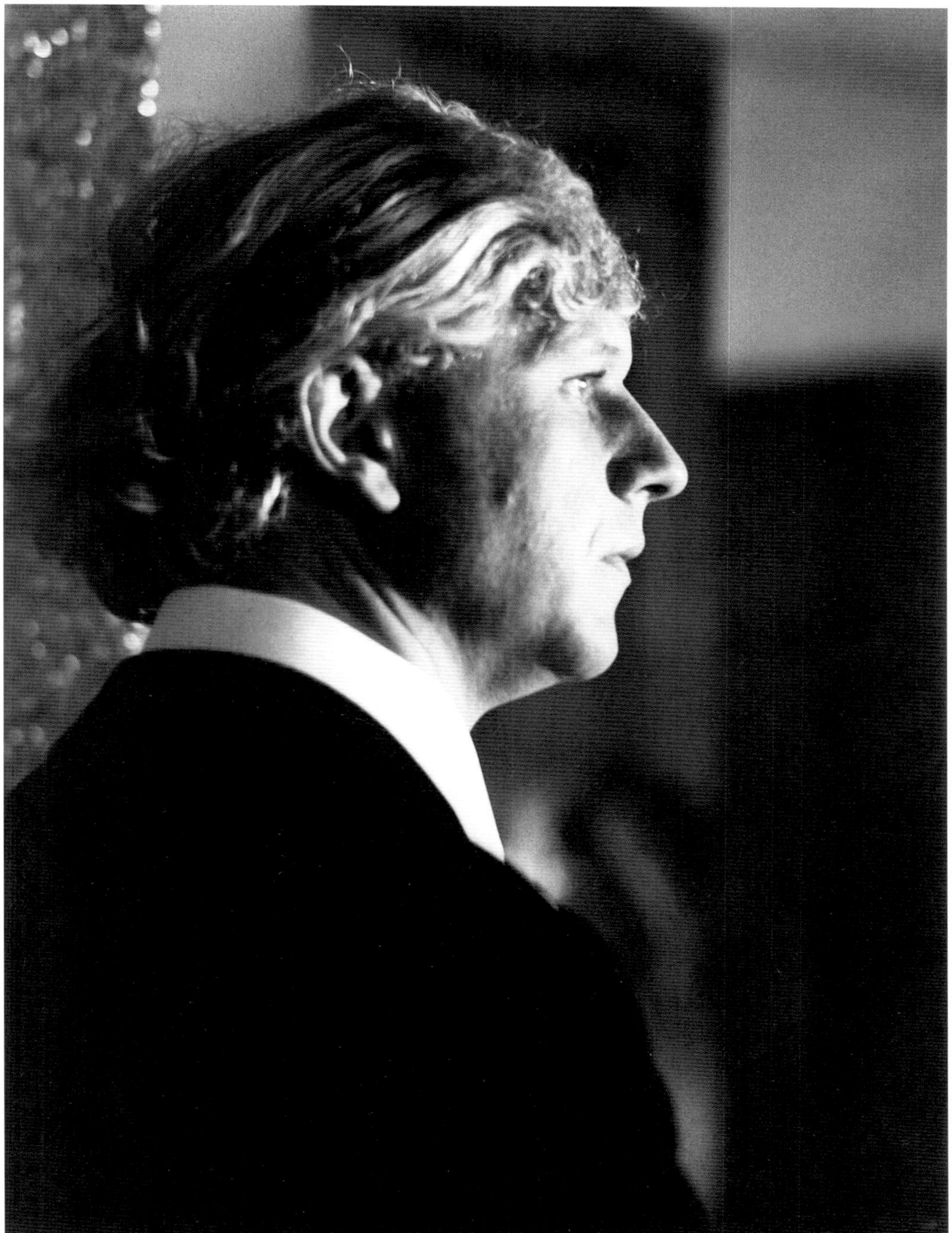

1966

Raimund Girke, geboren 1930 in Heinzendorf/Schlesien, gestorben 2002 in Köln, hat, beginnend mit weißen Strukturbildern, später vor allem zartfarbige gestische Bilder geschaffen, die sich durch ihre monochrome Wirkung auszeichnen. Als „Trübungen des Lichts“ wollte Girke ihre subtilen Abweichungen vom Weiß in meist kühlen Blautönen verstanden wissen. „Mir geht es, auch wenn meine Bilder oft monochrom weiß erscheinen, um die Farbe. Farbe als Materie, die greifbar und sichtbar ist. Farbe, die in Nuancen sich verändert und zu erfahren ist im kaum Sichtbaren.“

RAIMUND GIRKE

Raimund Girke, born in 1930 in Heinzendorf in Silesia, died in 2002 in Cologne. He started with white "structure" pictures involving layers of paint strokes, and he later created delicately-coloured gestural paintings with a characteristic monochrome effect. Girke wanted these subtle variations of white, which involved many tones of blue, to be understood as "dimmings of the light". "I am interested in colour, even if my pictures often appear monochrome. Colour as matter that is tactile and visible. Colour that changes in nuances and which can be experienced via the barely visible".

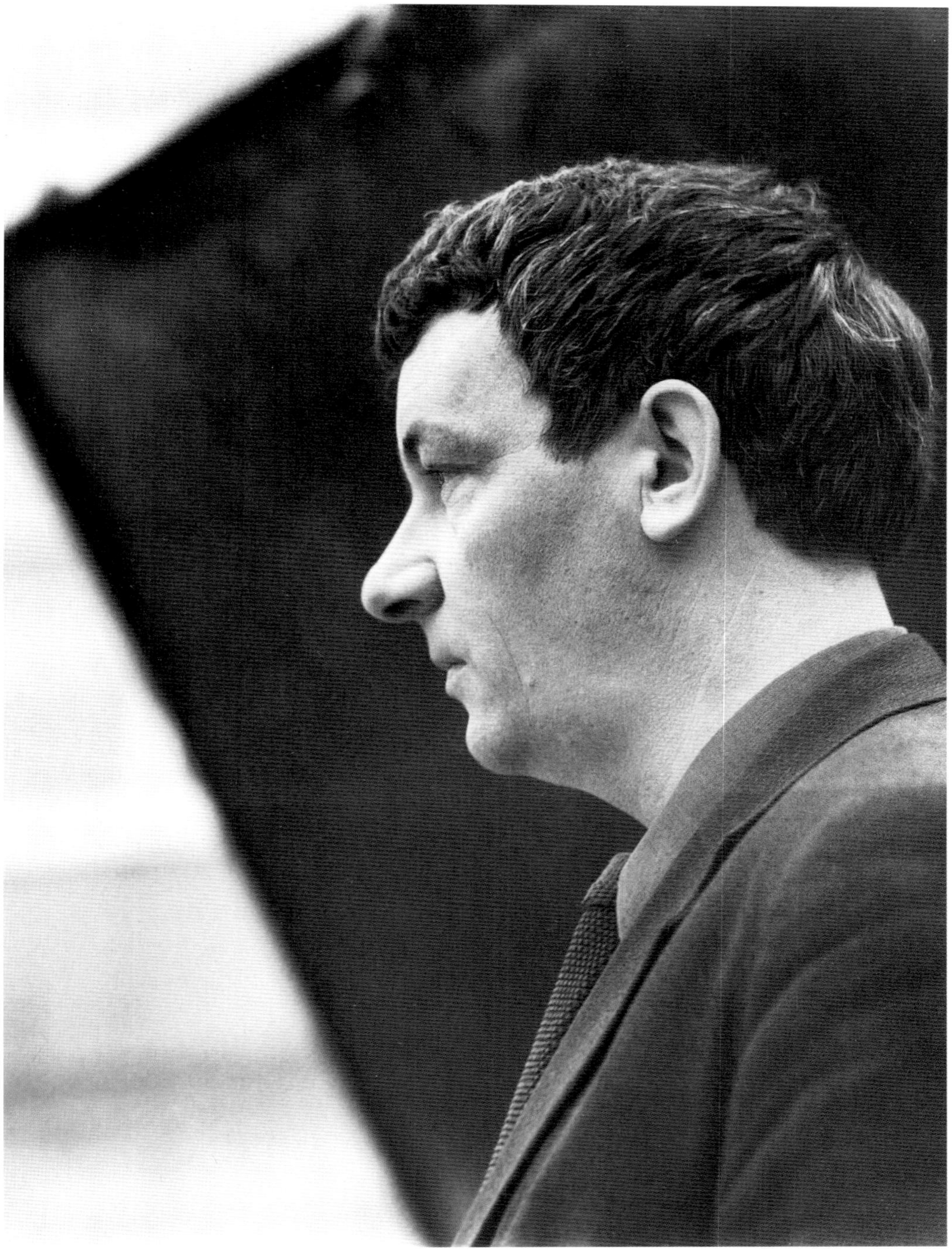

1968

Katharina Sieverding, die 1944 in Prag geboren wurde, hat neben ihrer Ausbildung an der Hochschule für bildende Künste Hamburg und der Kunstakademie in Düsseldorf auch als Assistentin bei dem Bühnenbildner Otto gearbeitet. In ihren großformatigen Fotografien, die oft Plakatcharakter und Panoramadimensionen haben, fokussiert sie den Blick sowohl auf die eigene Person wie auch auf politische Situationen.

KATHARINA SIEVERDING

Katharina Sieverding, born in 1944 in Prague, studied at the School of Fine Art in Hamburg and the Academy of Art in Düsseldorf, and was an assistant to the set designer Teo Otto. In her large-format photographs, which are often poster-like, with panoramic dimensions, she focuses on both her own person and the political situation.

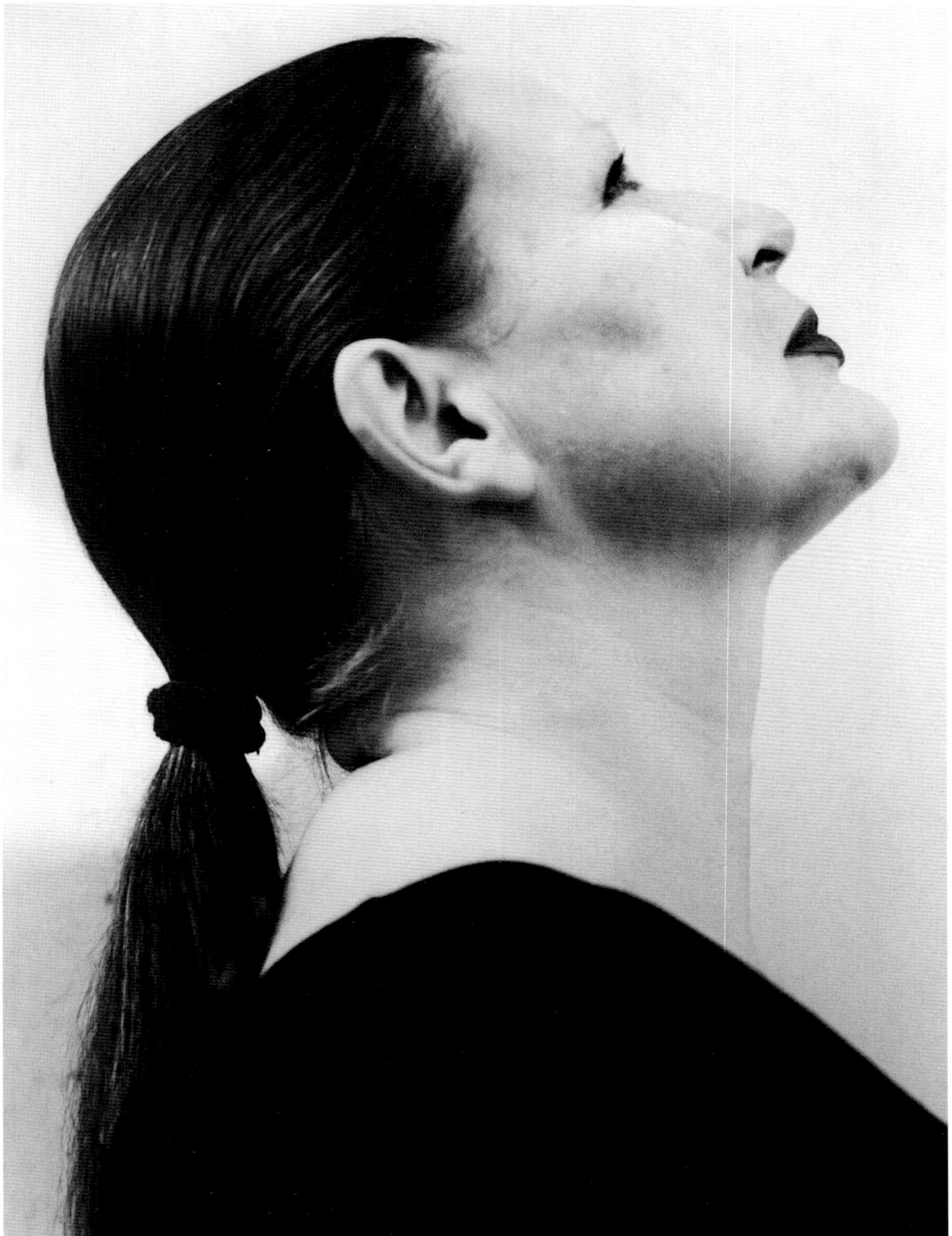

1995

Georg Baselitz wurde durch seine auf dem Kopf stehenden Bilder bekannt, die er seit 1969 malt. 1938 in Deutschbaselitz als Hans-Georg Bruno Kern geboren, studierte er zunächst an der Weißensee Kunsthochschule (damals Hochschule für bildende und angewandte Kunst) in Ostberlin, ehe er 1958 an die Kunsthochschule in Westberlin wechselte. Zusammen mit Eugen Schönebeck gab er 1961 und 1962 die *Pandämonischen Manifeste* heraus. Heute lebt und arbeitet Baselitz am Ammersee/Bayern und in Imperia/Italien. „Bilder beißen nicht, nicht in die Wade wie der Hund, aber etwas tun sie schon, sie können einem den Kopf verdrehen."

GEORG BASELITZ

Georg Baselitz rose to fame with his paintings of upside-down heads, which he has produced since 1969. Born in 1938 in Deutschbaselitz as Hans-Georg Bruno Kern, he initially studied at the School of Art in Weißensee in East Berlin before moving to the Art Academy in West Berlin in 1956. He published the *Pandämonische Manifeste* (Pandemonic Manifestos) with Eugen Schönebeck in 1961 and 1962. Today Baselitz lives and works in Ammersee in Bavaria, Germany, and in Imperia in Italy. "Pictures don't bite, the way a dog does, at your legs, but they do something, they can turn your head".

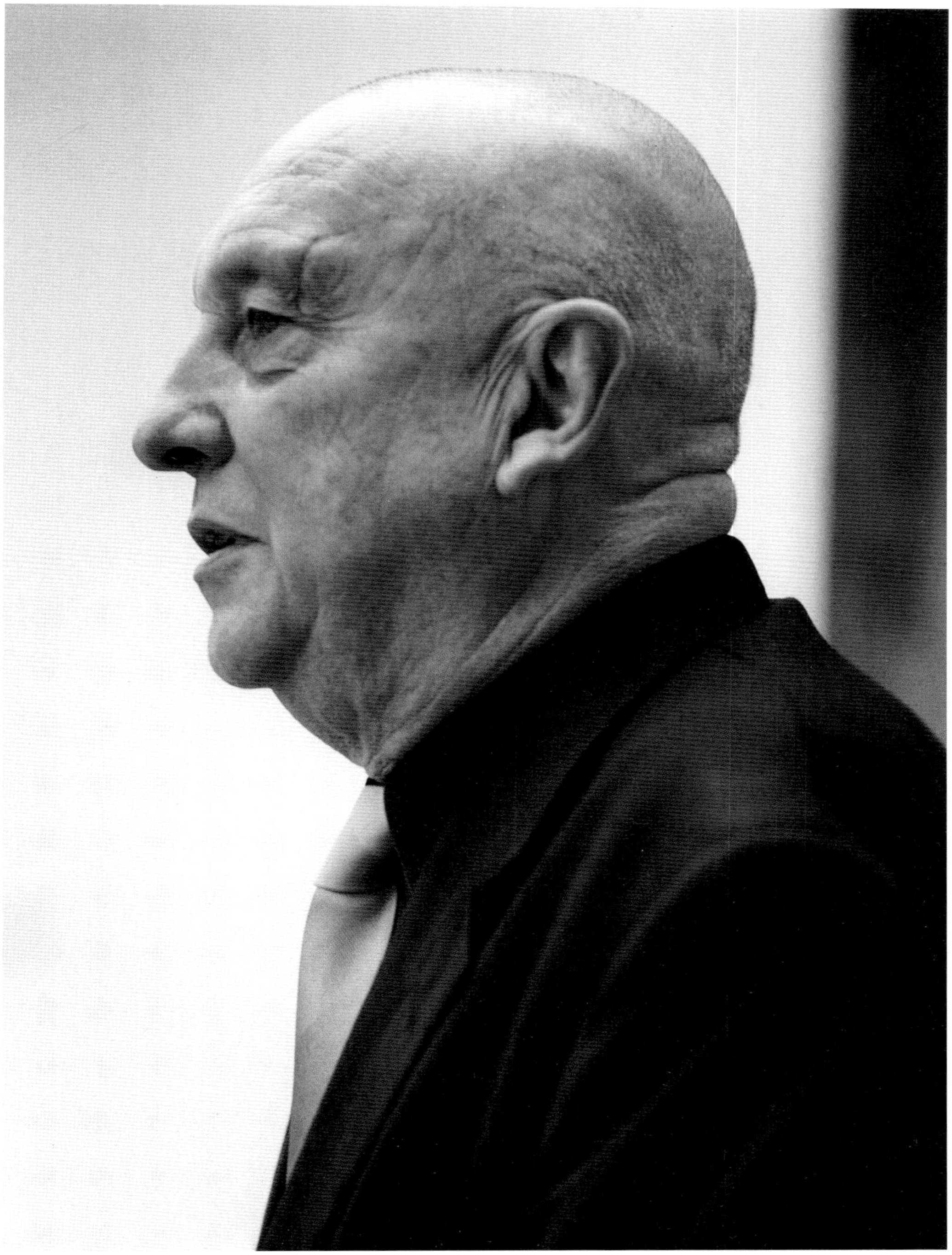

2008

Gotthard Graubner, 1930 in Erlbach/Vogtland geboren, hat sich einen Namen mit seinen „Kissenbildern" (aus Schaumstoff und Polyester) gemacht. Diese mit Farbe vollgesogenen Objekte sind mit einer Gaze überspannt, um die Farbe vage und wie hinter einem Schleier erscheinen zu lassen. Auch in den von ihm kreierten „Nebelräumen", wie in seinen wolkig erscheinenden, nicht ganz monochromen Tafeln, geht es ihm um die Wahrnehmung von Licht. „Meine Bilder bauen sich auf im Wachsen des Lichts, verlöschen mit dem Licht. Anfang und Ende sind austauschbar. Sie bezeichnen keinen Zustand, sie sind Übergang."

GOTTHARD GRAUBNER

Gotthard Graubner, born in 1930 in Erlbach in Vogtland, Germany, made a name for himself with his "cushion paintings" (made of foam and polyester). These paint-soaked objects are stretched over gaze, thus making the colour look blurred, as if behind a veil. In his "fog spaces" – cloudy, almost monochrome rooms – he is concerned with the way light is perceived. "My pictures come into being through the onset of light and are extinguished by light. The beginning and the end are interchangeable. They do not define a condition; they are a crossing point".

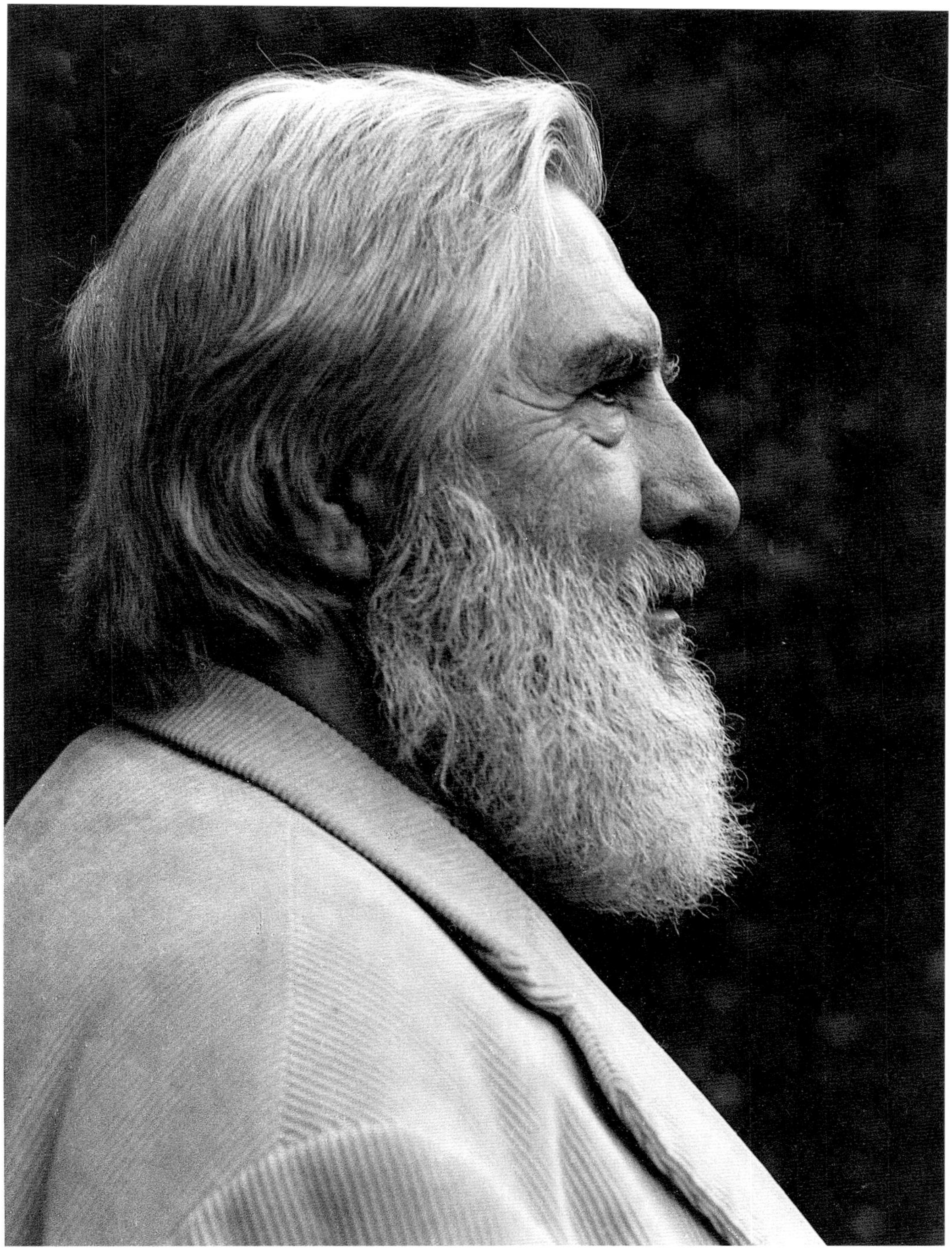

2003

Erfinder der sogenannten Eat Art und der „Fallenbilder" (der Präsentation von Tischen mit allen Utensilien des stattgefundenen Essens als Wandbilder), hat Daniel Spoerri – teils freiwillig, teils unfreiwillig – das Leben eines Nomaden geführt und sich zunächst in verschiedenen Berufen versucht, ehe er in der Kunst seine endgültige Heimat fand. Geboren 1930 als Daniel Feinstein in Galati/Rumänien, verdingte er sich nach seiner Flucht in die Schweiz als Fremdenführer in Paris, Solotänzer am Stadttheater Bern, Regieassistent in Darmstadt. Heute lebt Spoerri in Wien und betreibt in Hadersdorf am Kamp einen Kunst- und Ausstellungsort sowie ein Restaurant unter dem Namen EAT. ART & AB. ART. „Meine Heimatlosigkeit ist meine größte Stärke."

DANIEL SPOERRI

Daniel Spoerri, the inventor of the Eat Art-Movement and of *trap pictures* (the presentation of tables with all the utensils used during a meal as wall decorations) lived a nomadic life and tried his hand at a number of jobs before settling into the world of art. Born in 1930 as Daniel Feinstein in Galati Rumania, he fled to Switzerland, after which he earned his living as a tourist guide in Paris, a solo dancer in the City Theatre in Bern and an assistant director at the theatre in Darmstadt. Today Spoerri lives in Vienna and runs an art and exhibition place, and a restaurant called EAT. ART & AB. ART. "My lack of a homeland is my strongest point".

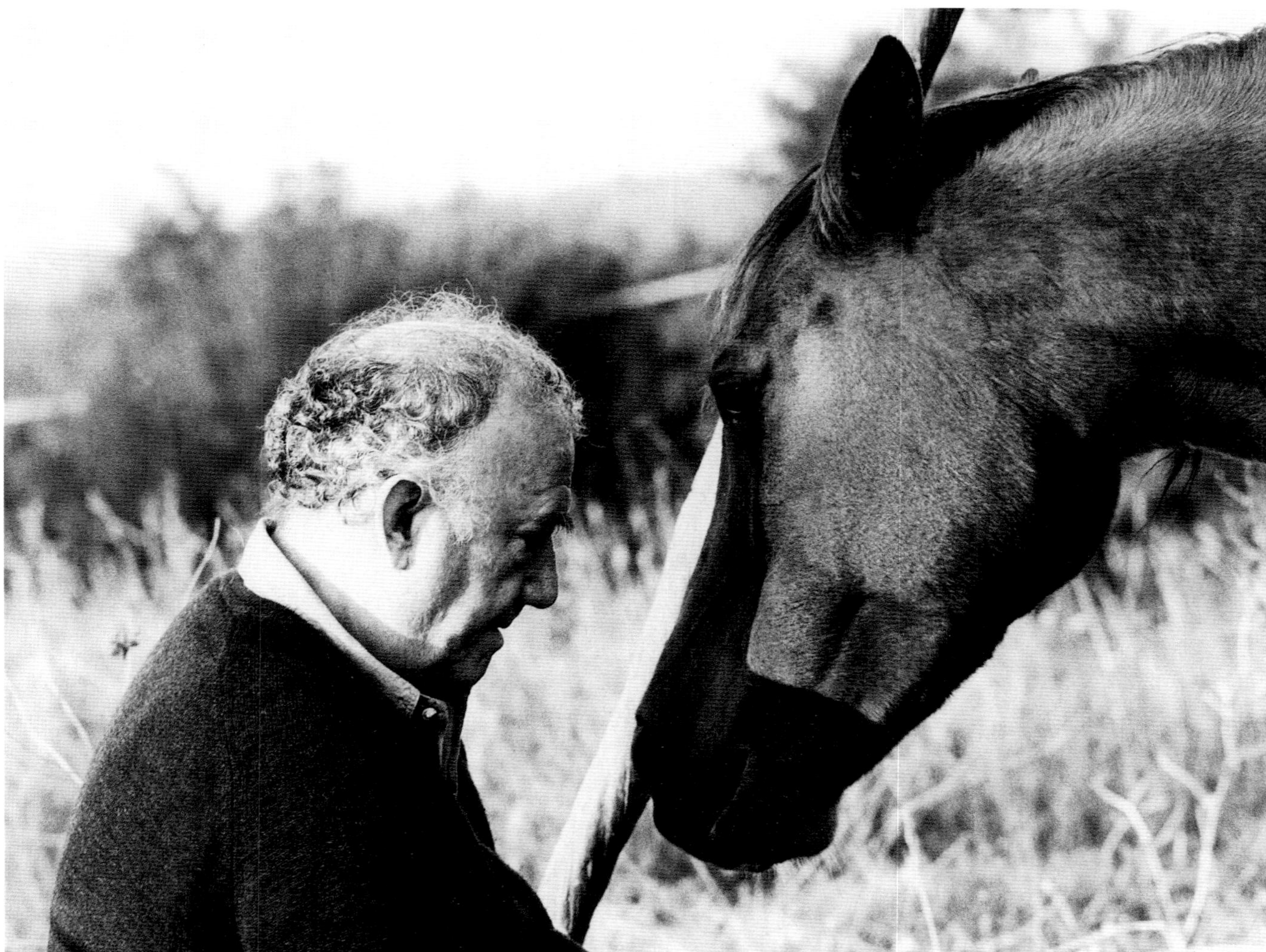

1998

Jean Tinguely, 1925 geboren und 1991 gestorben, Schweizer Maler und Bildhauer, baute seit Mitte der 1950er Jahre aus Draht, Blechstücken und metallenem Schrott aller Arten motorbetriebene Skulpturen, ratternde, scheppernde und knirschende Maschinendenkmäler, anthropomorphe Monster. Tinguelys Maschinenskulpturen, die Maschinen und deren Funktionszwänge verspotten, haben ihren programmatischen Motor in des Künstlers Parole „Kunst ist Bewegung … und Chaos ist Ordnung."

JEAN TINGUELY

Jean Tinguely, born in 1925 in Freiburg, Switzerland, died in 1991 in Bern, was a painter and sculptor. From the middle of the 1950s he built all kinds of motorized sculptures from wire, pieces of metal and junk metal, producing a series of rattling, clattering and grinding machine monuments, anthropomorphic monsters. The programmatic impulse that drives Tinguely and his machine sculptures, which poke fun at machines and the functional imperative, can be found in the artist's words "art is movement … and chaos is order".

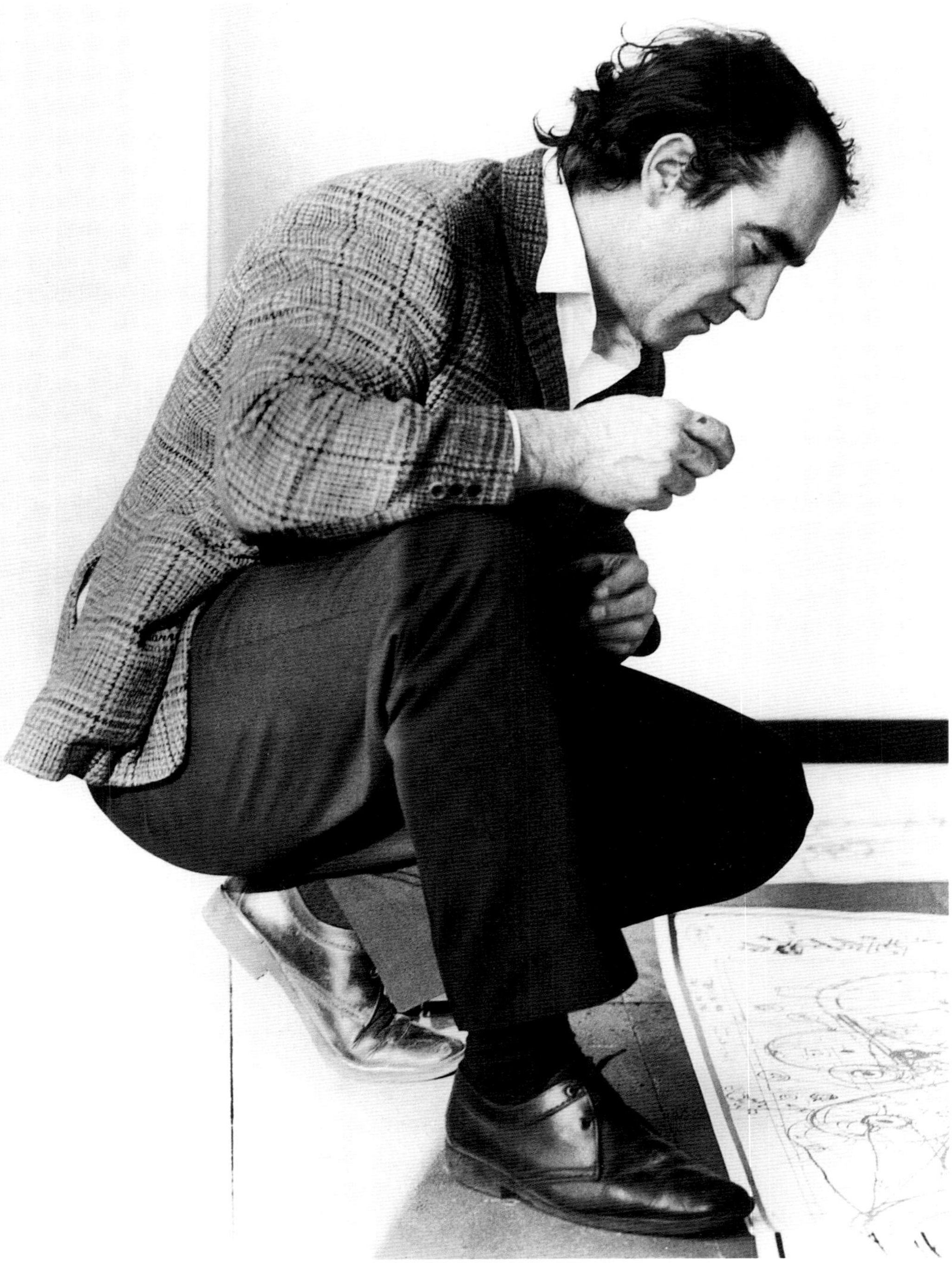

1972

Niki de St. Phalle, die 1930 in Paris geboren wurde und 2002 in San Diego, Kalifornien starb, machte ab 1956 mit „Schießbildern" auf sich aufmerksam: Reliefbilder mit Farbbeuteln, auf die geschossen wurde. Ab 1964 entstanden ihre weiblich voluminösen *Nanas*, lustige und bunt bemalte Frauenfiguren aus Polyester, die als Kunst im öffentlichen Raum ebenso beliebt waren wie – in kleinerem Format – im Privathaus. Seit Mitte der 1960er Jahre arbeitete sie mit Jean Tinguely zusammen, der 1971 ihr Ehemann wurde.

NIKI DE ST. PHALLE

Niki de St. Phalle, born in 1930 in Paris, died in 2002 in San Diego/California, first attracted attention in 1956 with her "shooting paintings", in which she took shots at relief paintings that contained bags of paint. She started creating her large female *Nanas* since 1964 on. These humorous, multi-coloured female figures, made of polyester, are much loved artworks, both in the public space and – in smaller formats – in private homes. She worked with Jean Tinguely from the 1960s and married him in 1971.

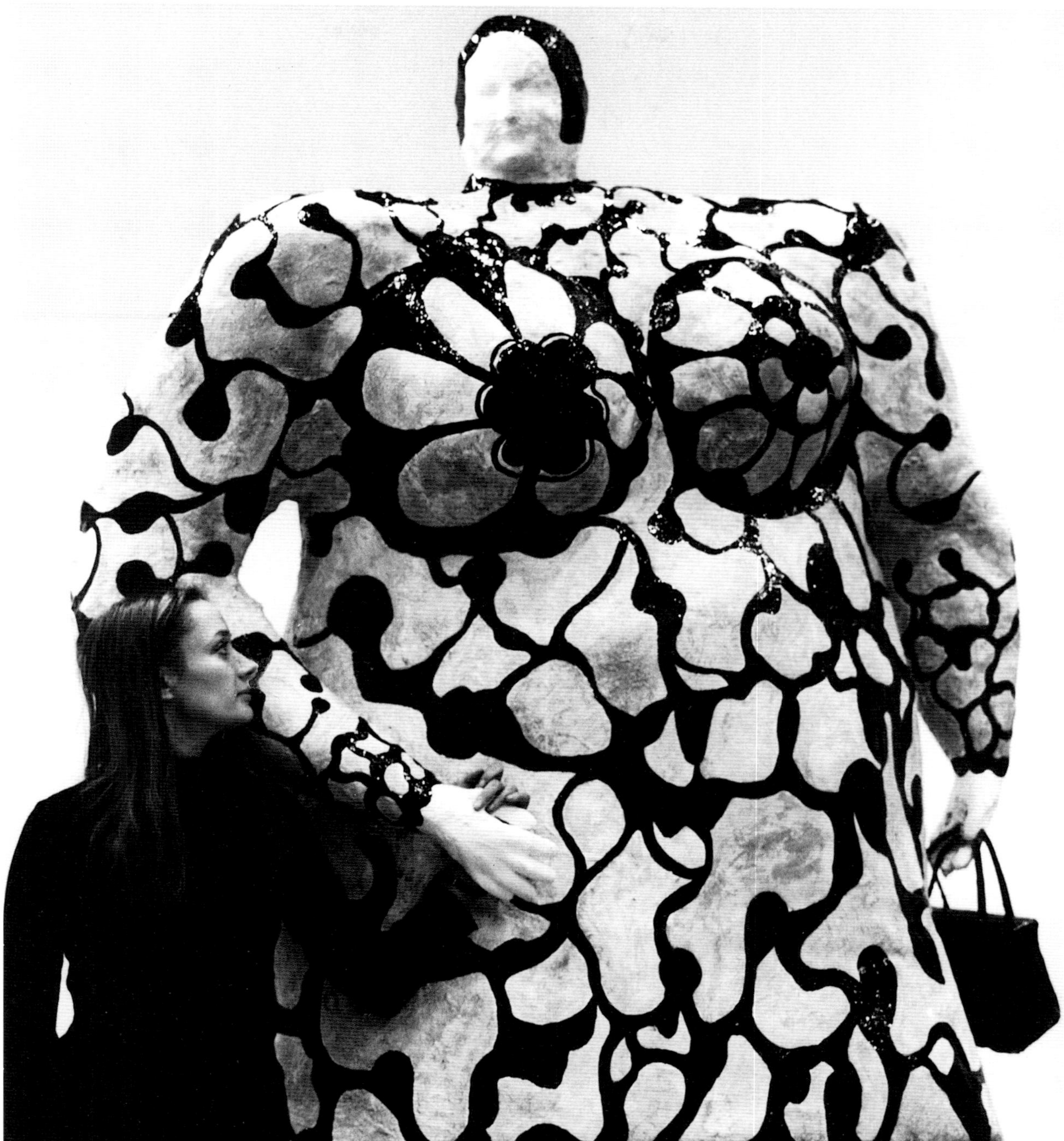

1970

Alf Lechner, geboren 1925 in München, schuf seine erste Stahlskulptur 1957. Spezifisch für ihn und die Erarbeitung seiner monumentalen Werke sind nur minimale Eingriffe in die Substanz des verwendeten Materials – mit denen er maximale optische Effekte erzielt. In Ingolstadt ist seinem Werk ein eigenes Museum in einer ehemaligen Industriehalle gewidmet, das im Jahr 2000 eröffnet wurde. „Das Material des Stahls – Eisen und seine Beigaben – ist mein Freund. Ich weiß genau, was es will und wie es reagiert.“

ALF LECHNER

Alf Lechner, born in 1925 in Munich, created his first steel sculpture in 1957. Specific to the monumental artworks that Lechner produces are his minimal interventions in the material used, and the maximum visual effect that he achieves. A museum in Ingolstadt, opened in 2002, is dedicated to his art and is located in a former factory building. “The material of steel – iron and the other ingredients – is my friend. I know exactly what it wants and how it reacts”.

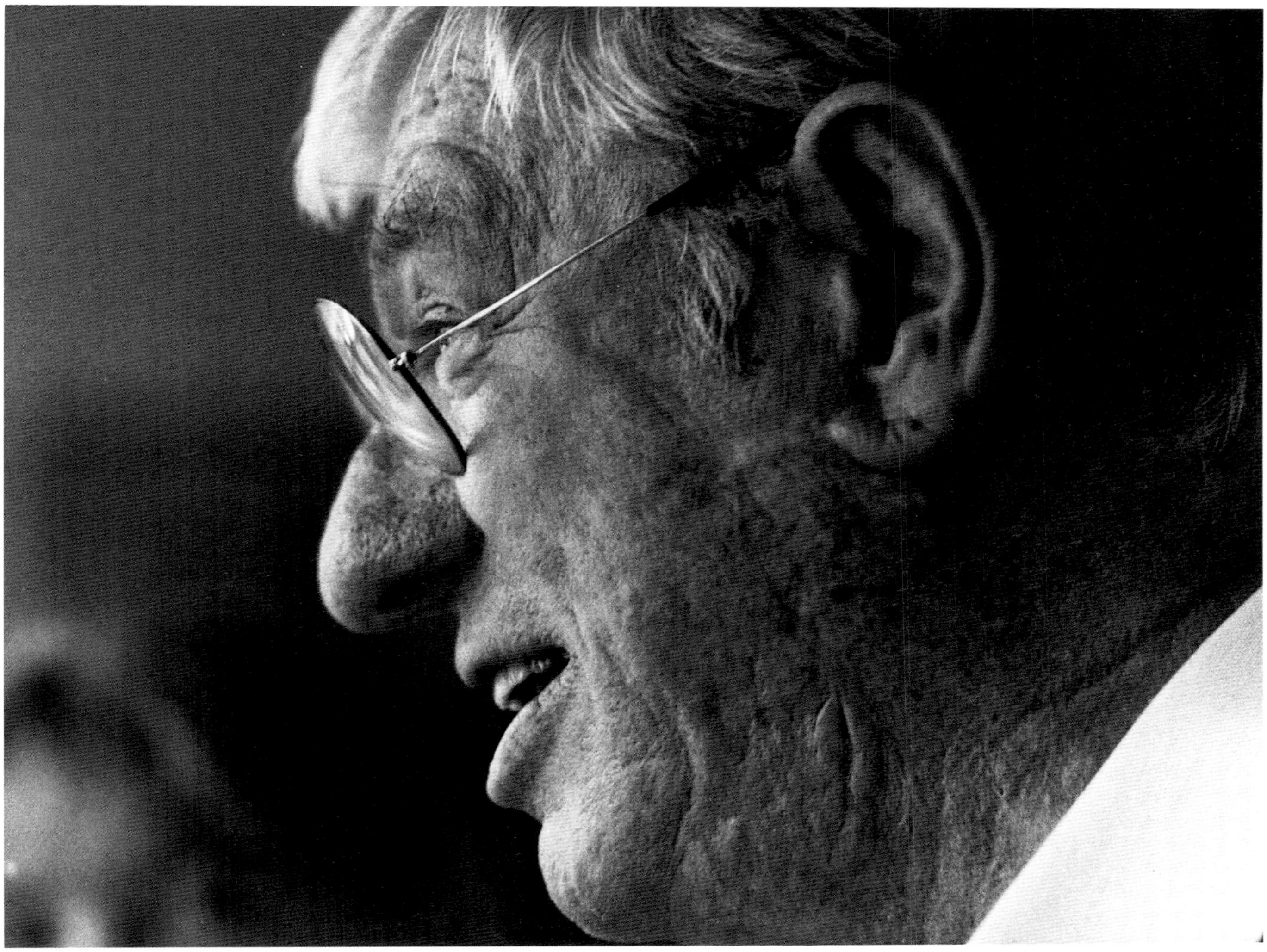

1993

Alfred Hrdlicka, 1928 in Wien geboren und 2009 auch dort gestorben, ist sowohl als Bildhauer wie als Zeichner und Radierer bekannt geworden – vor allem aber auch als das, was er seinem Charakter nach immer war: ein engagierter, ein kämpferischer Künstler, der sich selbst gerne (nicht ohne Ironie) als „Euro-Stalinist“ bezeichnete. Künstlerisch war Hrdlicka insbesondere ein meisterhafter Darsteller von Gewalt und dabei zugleich immer beides: Berserker und Intellektueller. „Bildhauerei demonstriert Körpergefühl, ist Schaustellung der eigenen Physis und Neigungen, nahe am Striptease ...“

ALFRED HRDLICKA

Alfred Hrdlicka, 1928 born in Vienna, where he died in 2009, became famous both as a sculptor and for his drawings and etchings. However, he was especially known for his character, and what it stood for – a committed, spirited artist, who liked to describe himself (not without irony) as a “Euro-Stalinist”. Hrdlicka the artist produced masterful images of violence and always managed to be simultaneously berserk and intellectual. “Producing sculpture means demonstrating body language, exhibiting one’s own being, close to striptease...”

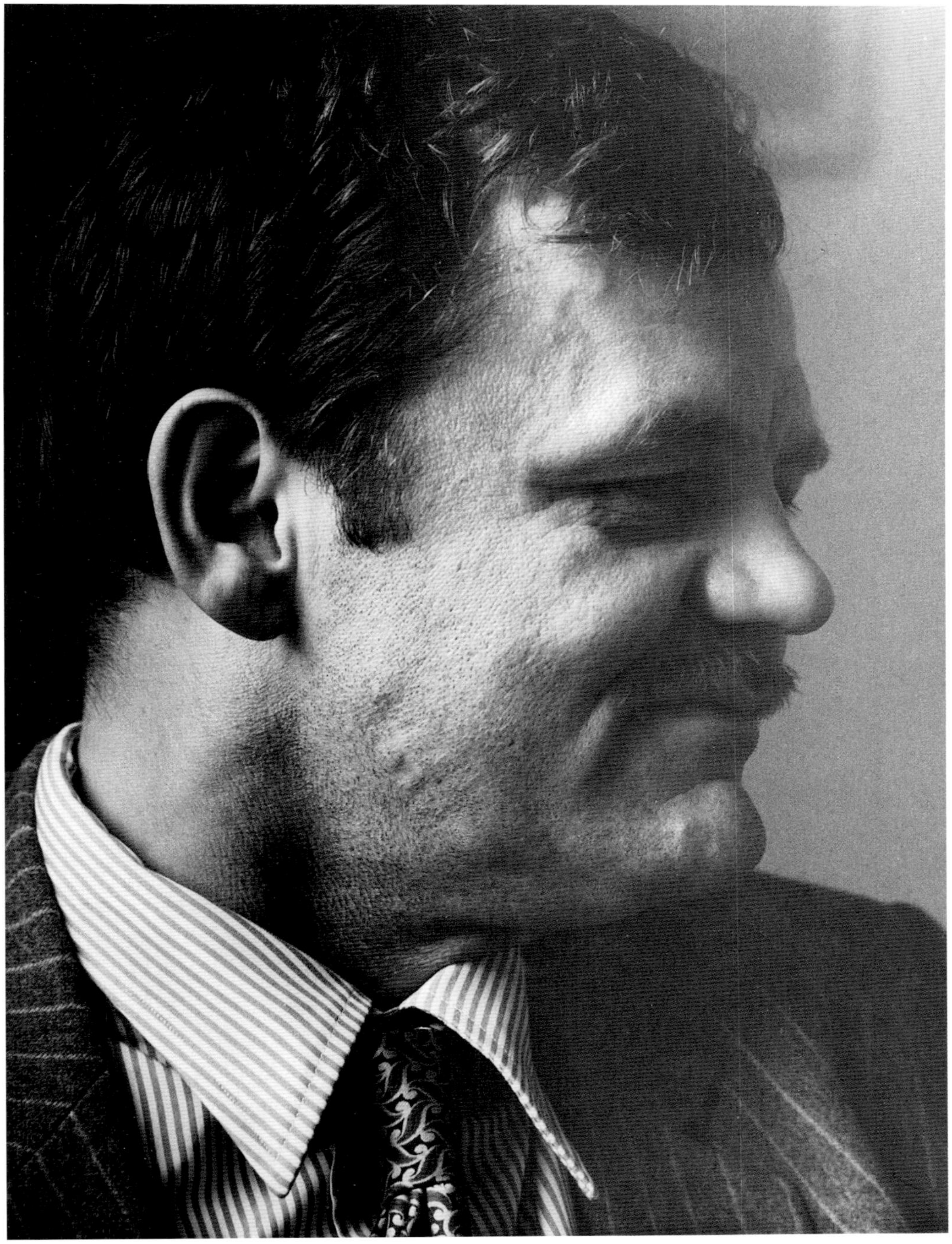

1970

Nancy Spero, geboren 1926 in Cleveland/Ohio, gestorben 2009 in New York, war seit 1951 mit Leon Golub verheiratet. Trotz ähnlicher Ziele beider Künstler (Anklage von Folter und Gewalt) ging Spero in ihrer Kunst immer eigene Wege, bis hin zur Entwicklung sehr persönlicher Techniken, die sie zu höchster Vollendung brachte. Ihre ausgeschnittenen Figuren erscheinen zuerst als Collage, dann mit Stempeln auf lange Papierbahnen gedruckt und behalten dennoch den Charakter von Unikaten. Die so entstandenen Bilder nannte Nancy Spero selbst „peinture féminine“. „Ich beschloss, mich mit diesen Männern und Frauen zu befassen durch die Darstellung der Frauen, um zu sehen, was es heißt, die Welt durch die Abbildung von Frauen zu beschreiben.“

NANCY SPERO

Nancy Spero, born in 1926 in Cleveland/Ohio, USA, died in 2009 in New York. She married Leon Golub in 1951. Despite these two artists' similar goals (denouncing torture and violence), Spero always went her own way with, developing very personal techniques that she brought to a high level of perfection. Her cut-out figures were first collaged, then stamped onto scroll-like strips of paper, while retaining their unique character. Nancy Spero would call these pictures "peinture féminine". "I decided, by representing women, to examine these men and women, and to see what it means to describe the world by depicting women".

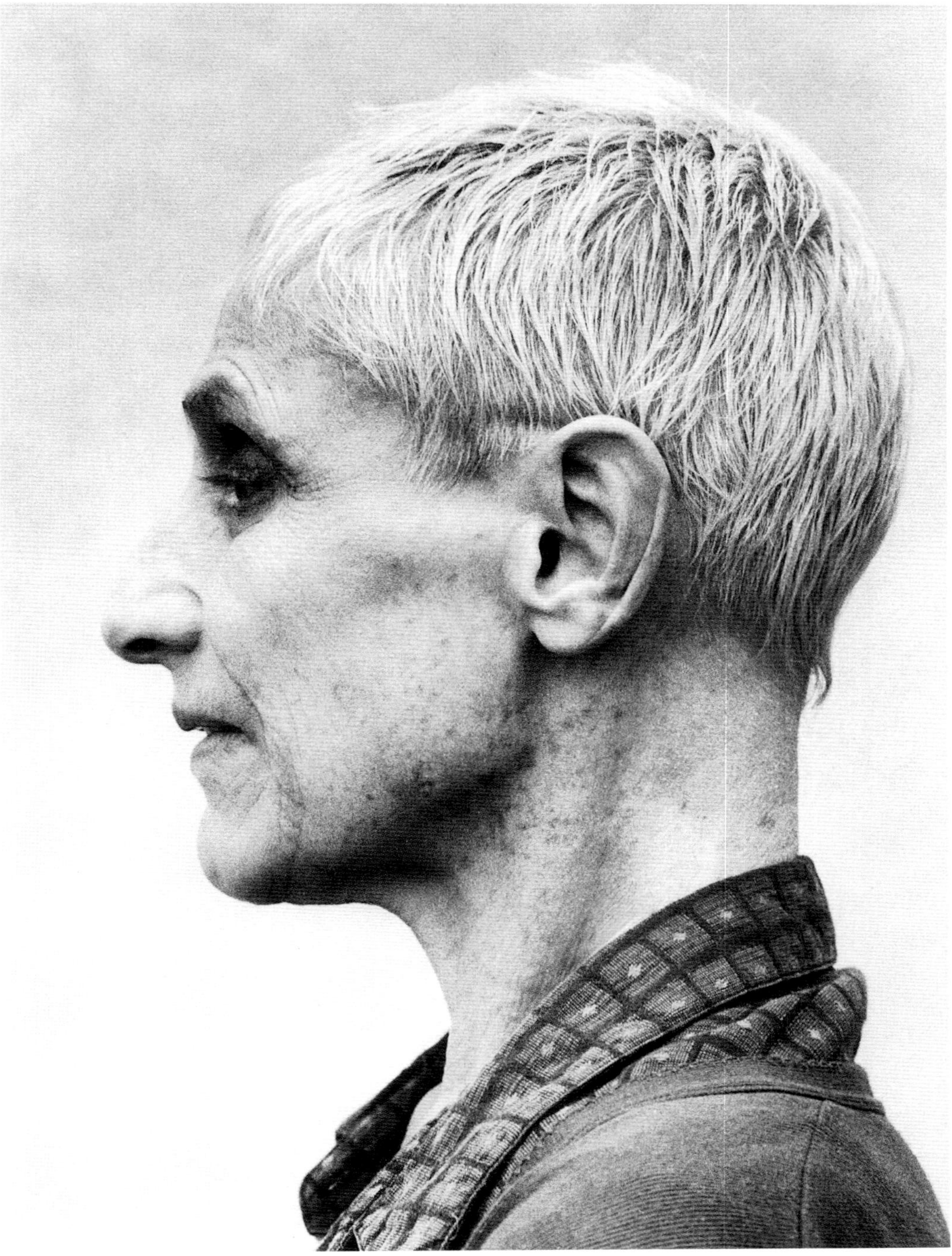

1993

Leon Golub, 1922 in Chicago geboren, 2004 in New York gestorben, war der Typ eines engagierten Zeitgenossen und Künstlers, der viel Zeit darauf verwendete, über Kunst und Politik zu diskutieren. Als Maler schuf er eindrucksvolle realistische Bilder, deren Motive vereinfachte Szenen u. a. aus dem Vietnamkrieg, aus Nicaragua und El Salvador sind, oder die entfremdete Existenz von Söldnern zum Thema haben.

LEON GOLUB

Leon Golub, who was born in 1922 in Chicago and who died in New York in 2004, was a committed artist and leading figure of his generation, discussing art and politics at length. His work consisted of impressive realistic paintings featuring simplified scenes of, for example, war in Vietnam, Nicaragua, and El Salvador, and of mercenary troops with their alienated way of life.

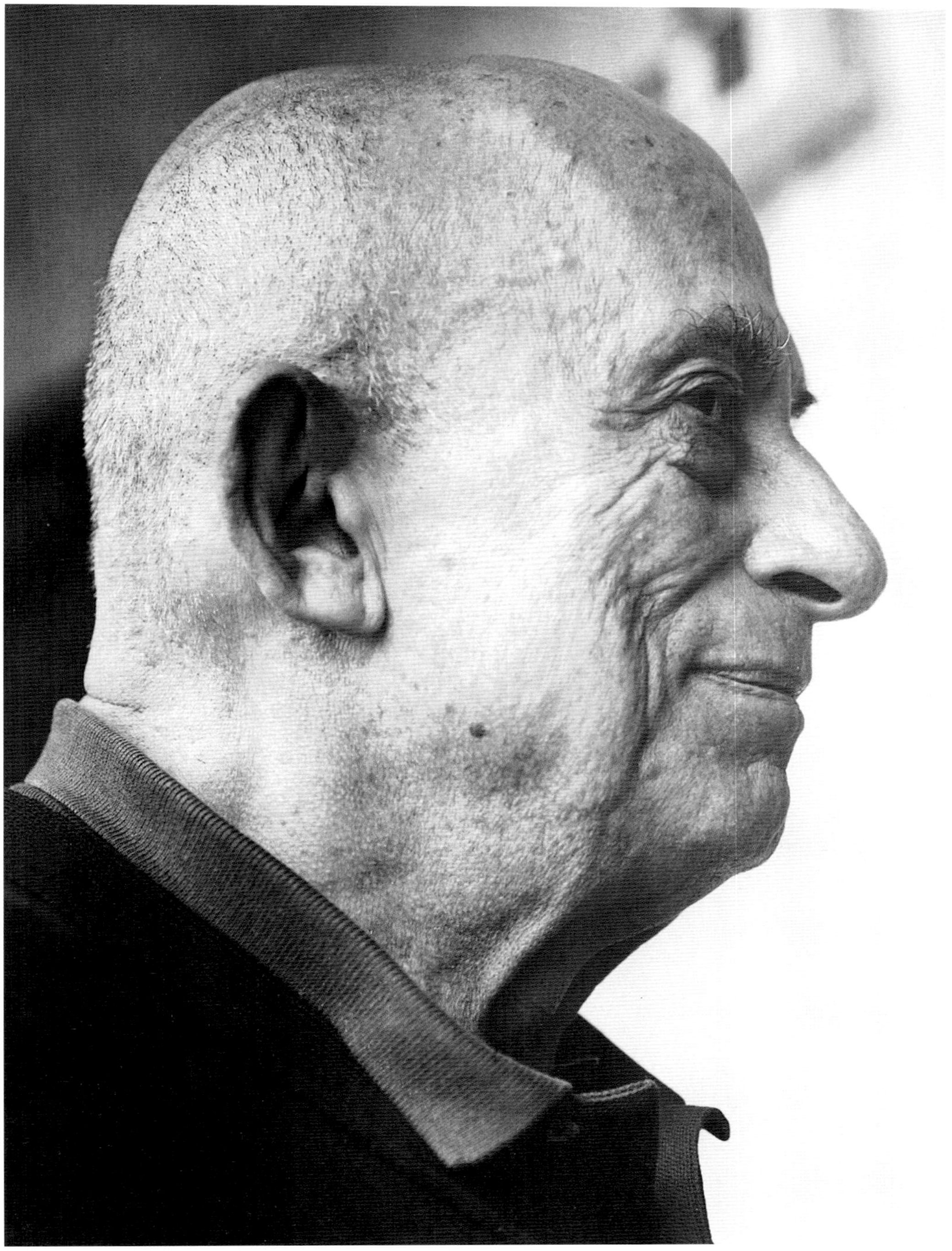

1993

George Rickey, geboren 1907 in South Bend/Indiana, gestorben 2002 in Saint Paul/Minnesota, war in zwei Welten, der „alten" seines Heimatlands Amerika wie der „neuen" europäischen, gleichermaßen zu Hause. Einen Namen hat er sich durch seine vom Wind und Luftzug sanft bewegten Mobiles gemacht. Diese aus blanken Metallstäben, Quadrat-, Rechteck- und Dreieckflächen montierten Skulpturen reagieren in ständiger Bewegung nicht nur auf den Luftstrom, sondern spiegeln auch das sie umgebende, sich wandelnde Licht. „Der Künstler sieht nicht die Bäume, Blumen oder Landschaften als Sujets auf sich warten, vielmehr das Wogen der Zweige und das Zittern der Stämme…"

GEORGE RICKEY

George Rickey, born in 1907 in South Bend in Indiana, died in 2002 in Saint Paul/Minnesota. He was equally at home in two worlds: in his "old" homeland, the USA and his "new" homeland, Europe. He made his name with mobiles that move gently in the wind and breezes. These sculptures are made from polished metal bars and squares, from rectangular and triangular planes; they react to currents of air and reflect the changing light. "The artist does not see the trees, flowers and landscapes as his actual subject, instead, it is the waving of the branches and the quivering of the tree trunks…"

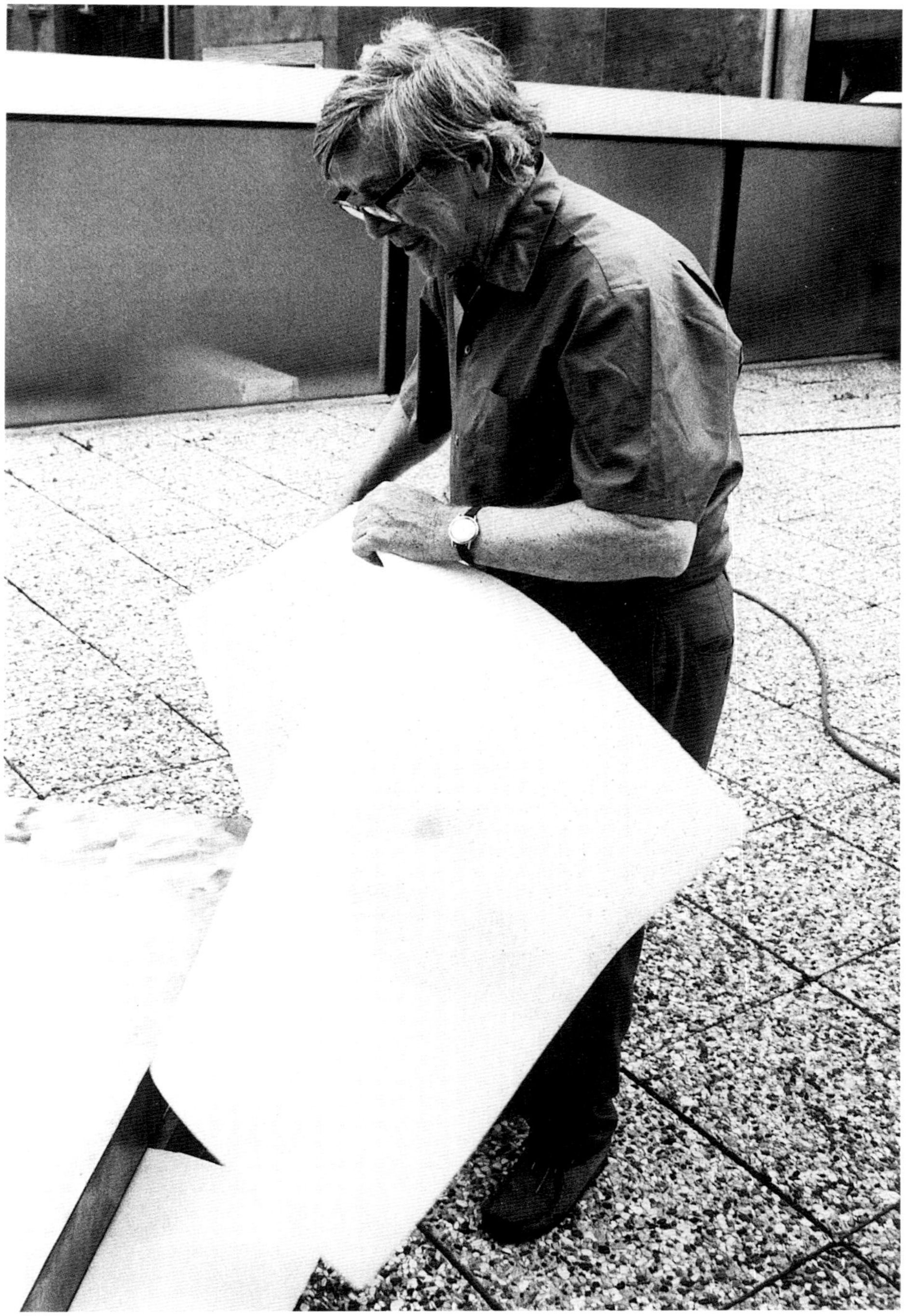

1973

Kiki Smith wurde 1954 in Nürnberg als Tochter des renommierten US-Bildhauers Tony Smith geboren. In New York brach sie eine künstlerische Ausbildung ab, war als Rettungssanitäterin in einem Krankenhaus tätig, um etwas über den menschlichen Körper und seine Funktionen zu lernen. Eva Hesse, Nancy Spero und Louise Bourgeois sind ihre Leitbilder bei einer Arbeit, die den Körper zum obsessiven Thema hat. In der Art, wie dieser in seiner deformierten Banalität gezeigt, wie oft das Innere nach außen gestülpt wird, ist auch ein Gegenprogramm zur klassischen Schönheit antiker Prägung verborgen.

KIKI SMITH

Kiki Smith was born in 1954 in Nuremberg, the daughter of the famous American sculptor Tony Smith. She did not complete her art studies in New York and instead worked as an emergency medical technician to learn about the human body and its functions. Eva Hesse, Nancy Spero and Louise Bourgeois are the role models for her art, which shows her obsessive interest in examining bodies. Her bodies exhibit banal deformities, or are shown inside out, providing an antithesis to notions of classical beauty.

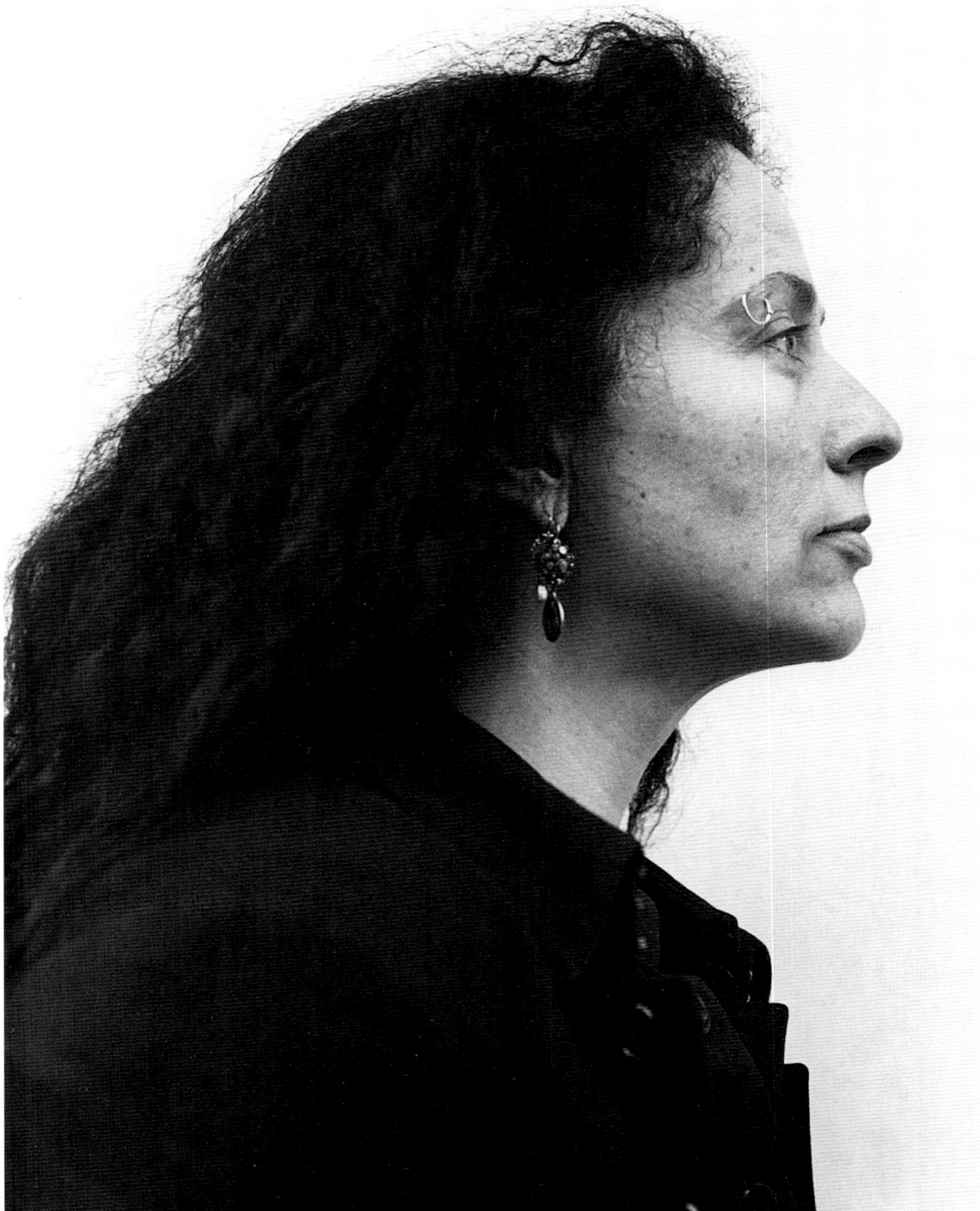

1996

Allan D'Arcangelo, 1930 in Buffalo/New York geboren und 1998 in New York City/New York gestorben, wurde im Kontext der Pop-Art vor allem mit seinen seit 1963 entstandenen Autobahn-Bildern bekannt. Signale und Schilder der Highways und Freeways und alles das, was amerikanische Autofahrer außerdem täglich an Informationen und Instruktionen vor Augen haben, erhob D'Arcangelo mit seinen Bildern in leuchtenden Farben und scharfen Umrissen in den Rang von Ikonen des mobilen Alltags.

ALLAN D'ARCANGELO

Allan D'Arcangelo, was born in 1930 in Buffalo, New York State, and died in 1998 in New York City. He became known as a Pop Artist, especially with his highway-pictures from 1963 onwards. Signals and signs from highways and freeways, together with all the other information and instructions that American drivers experience, are elevated in D'Arcangelo's pictures, by means of brilliant colours and sharp outlines, to the rank of icons for our mobile lives.

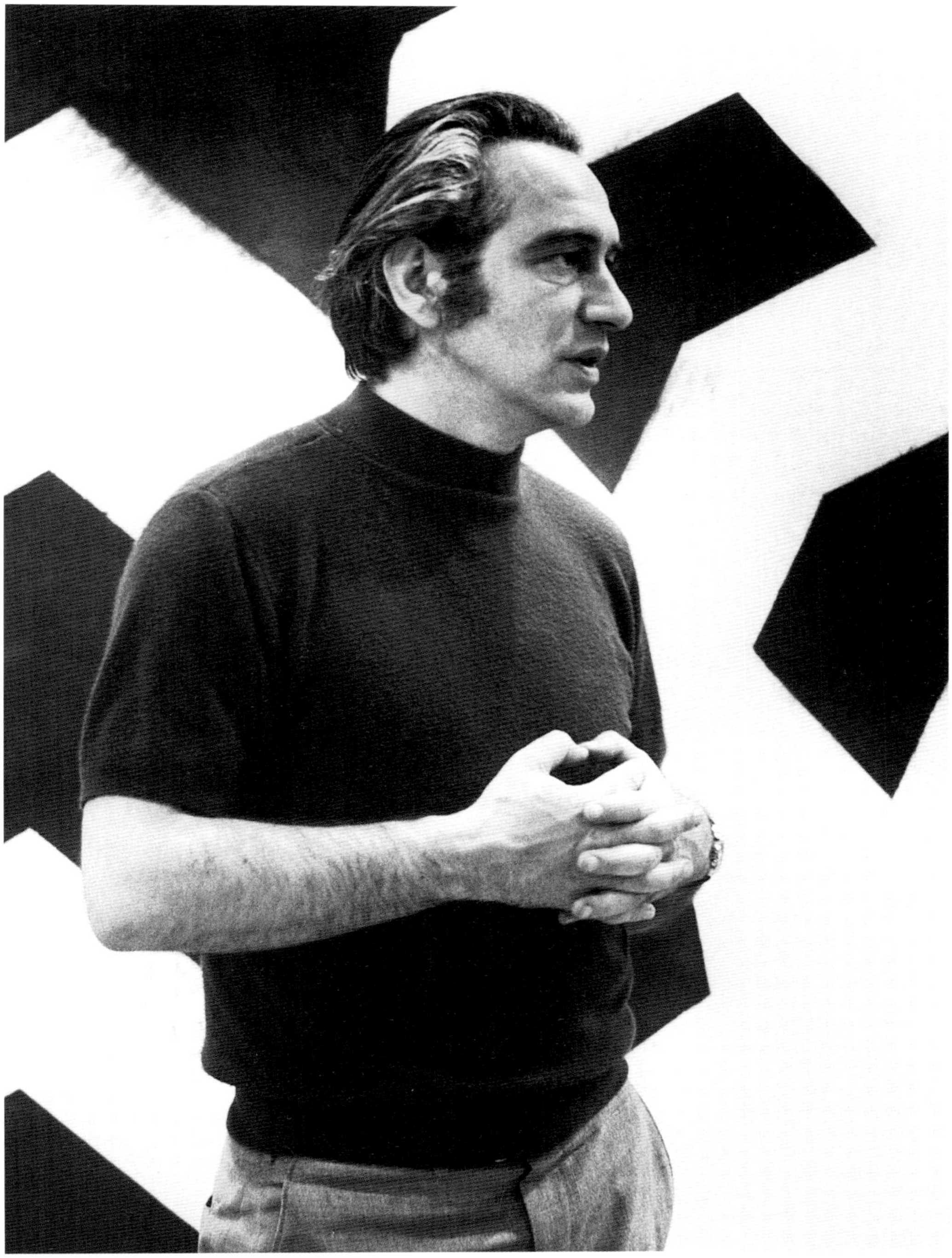

1971

Stephan von Huene, ein Grenzgänger zwischen den Medien, wurde 1932 als Sohn einer deutschbaltischen Familie in Los Angeles geboren und starb im Jahr 2000 in Hamburg. Er studierte Kunst und Kunstgeschichte und baute 1967 nach frühen Zeichnungszyklen, Bildern, Collagen und Skulpturen aus Holz und Leder seine ersten Klangskulpturen. In diesen „Maschinen", wie er sie auch nannte, kommen visuelle, akustische und kinästhetische Wahrnehmungen zusammen. „Kunst ist nicht, was etwas ist. Kunst ist, was etwas bewirkt. Wenn es anregt, ist es Unterhaltung, wenn es ernährt, ist es Kunst."

STEPHAN VON HUENE

Stephan von Huene, an artist who breaches borders and is well known for his sound sculptures, was born in 1932 in Los Angeles, the son of a German-Baltic family, and died in 2000 in Hamburg. He studied art and art history and, after producing his earlier cycles of drawings, paintings, collages, and wood and leather sculptures, he created his first sound sculptures in 1967. Visual, acoustic and kinaesthetic perceptions come together in these "machines", as he called them. "Art is not what it is. Art is what it does. If it stimulates it is entertainment. If it nourishes it is art".

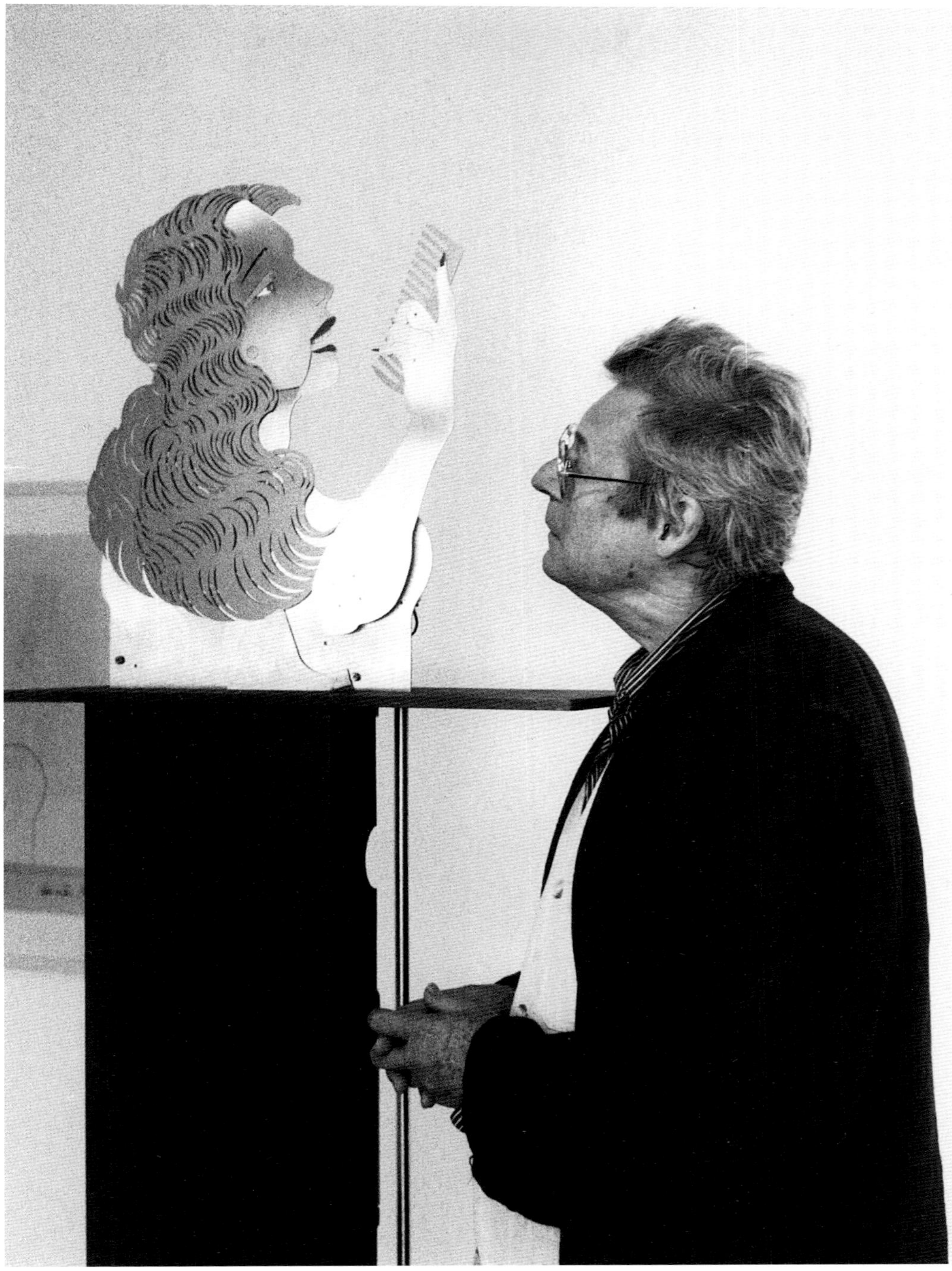

1997

Agnes Martin wurde 1912 in Saskatchewan/Kanada geboren und starb 2004 in New Mexico, wo sie lange Jahre gelebt hatte. Der Generation um Jackson Pollock und Mark Rothko zugehörig, begann Martin mit biomorphen Abstraktionen, reduzierte aber seit 1963 ihre Bilder immer stärker auf ein Minimum von Farbe und Form. Ihre von zarten Linien und Gittern durchzogenen, hellen Quadrate gehören zur Minimal Art, sind in ihrer poetischen Subtilität aber jedem minimalistischen Rigorimus fern. „Ich schlage Künstlern vor, jede Gelegenheit wahrzunehmen, allein zu sein; dass ihr es aufgebt, Schoßtiere und sonstige unnötige Begleiter um euch zu haben."

AGNES MARTIN

Agnes Martin was born in 1912 in Saskatchewan, Canada, and died in 2004 in New Mexico, where she had lived for many years. Being the same generation as Jackson Pollock and Mark Rothko, Martin began by painting biomorphic abstractions but after 1963 she limited her vocabulary to a minimum of colour and form. Her light square paintings are pervaded with subtle lines and grids, and may be viewed as Minimal Art, though they display a poetic subtlety that has little to do with rigid minimalism.
"I suggest to artists that you take every opportunity of being alone, that you give up having pets and unnecessary companions".

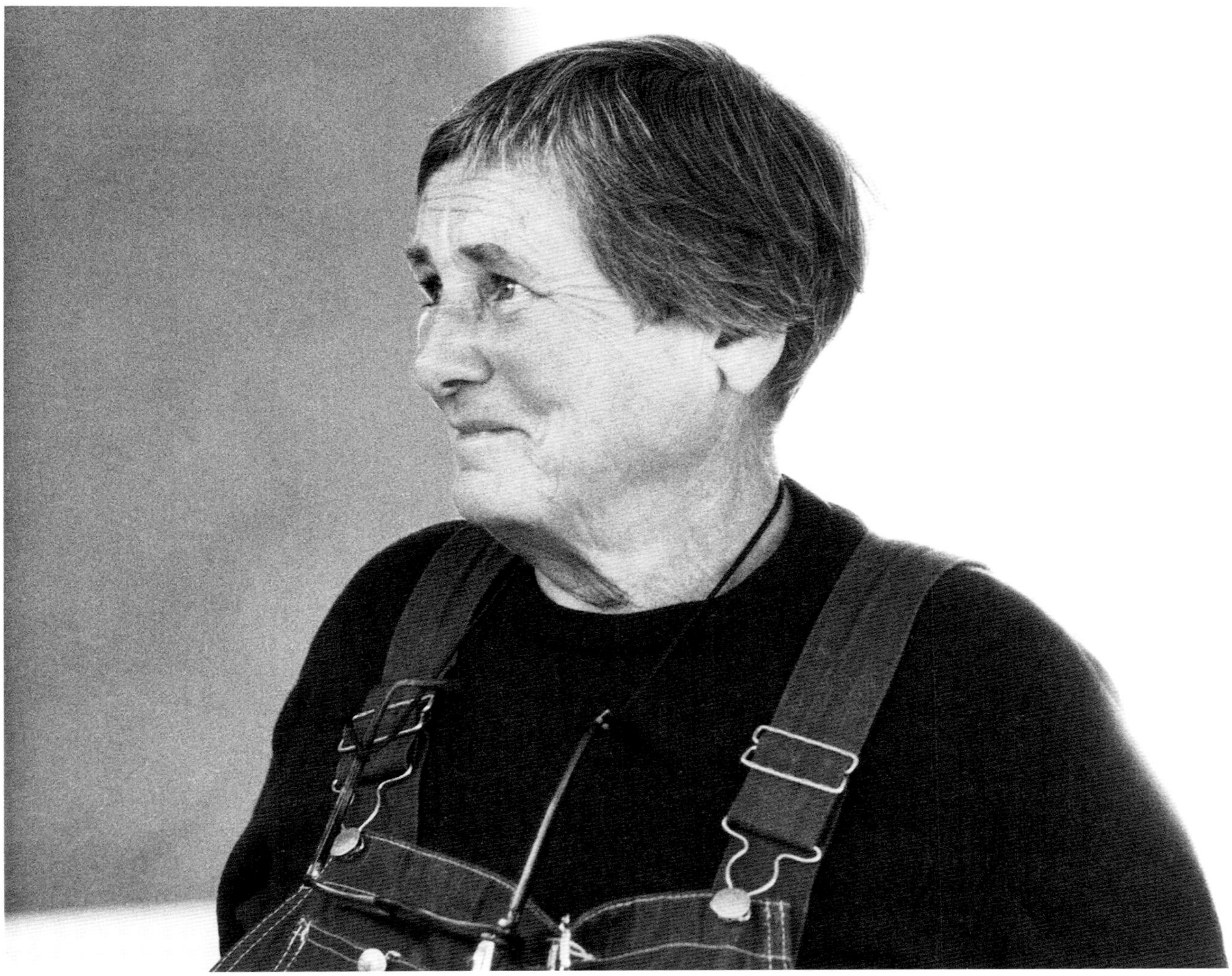

1971

Jan Fabre arbeitet als Dramatiker, Choreograf, Performancekünstler, Maler und Objektbauer in der Praxis an dem, was man ein Gesamtkunstwerk nennen könnte. 1958 in Antwerpen geboren und zunächst in seinem Studium auf Kunst und Kunstgewerbe konzentriert, ist er seit 1980 vorwiegend als Regisseur und Lichtdesigner auf internationalen Bühnen tätig. Titel wie die seiner Opern *Sweet Temptations* und *Glowing Icons* oder auch *Silent Screams, Difficult Dreams* sind Programm und Poesie zugleich.

JAN FABRE

Jan Fabre works as a dramatist, choreographer, performance artist, painter and builder of objects, who creates what is, in practice, a *Gesamtkunstwerk.* Born in 1958 in Antwerp, where he initially concentrated on the study of fine art and art and crafts, since 1980 he has worked mainly as an international director and light designer. The titles of his operas, such as *Sweet Temptations, Glowing Icons, Silent Screams, and Difficult Dreams,* function both as programme and poetry.

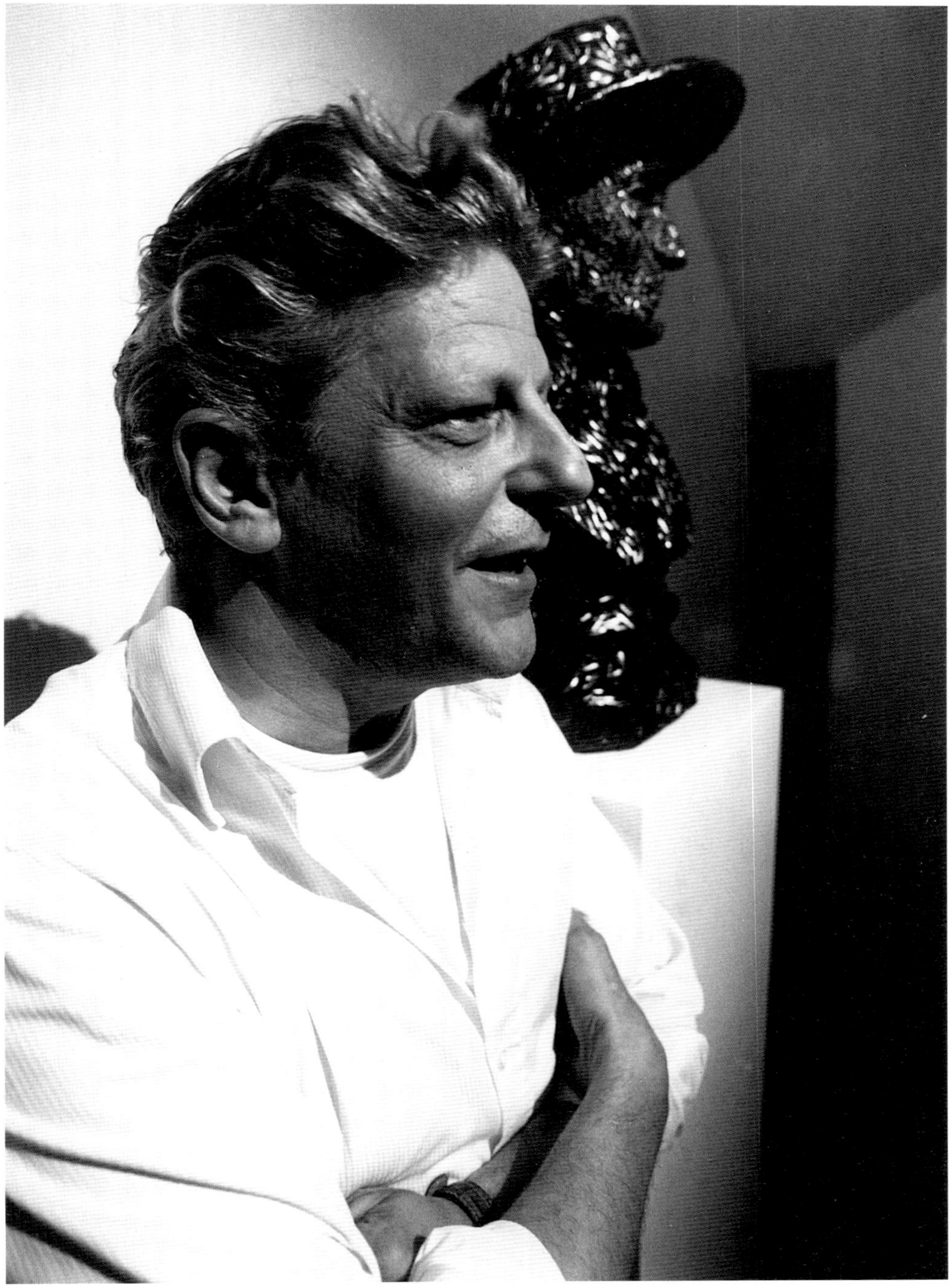

2003

Ilya Kabakov wurde 1933 in der Ukraine geboren und lebt seit 1992 in New York. Nach dem Kunststudium war Kabakov zunächst als erfolgreicher Buchillustrator tätig, seit den 1980er Jahren entstanden dann Environments und Installationen. Mit sorgfältig inszenierten Möbeln, Bildern, Gegenständen und Schrifttafeln waren diese fiktiven realistischen russischen Lebensräume ein Stück kultureller Vergangenheit und politischer Gegenwart zugleich.

ILYA KABAKOV

Ilya Kabakov was born in 1933 in the Ukraine and has lived in New York since 1992. After studying art, Kabakov worked initially as a successful book illustrator; since the 1980s he has created environments and installations. The carefully arranged furniture, objects and text boards in his fictitious but realistic Russian living rooms encapsulate a by-gone culture and the politics of the day.

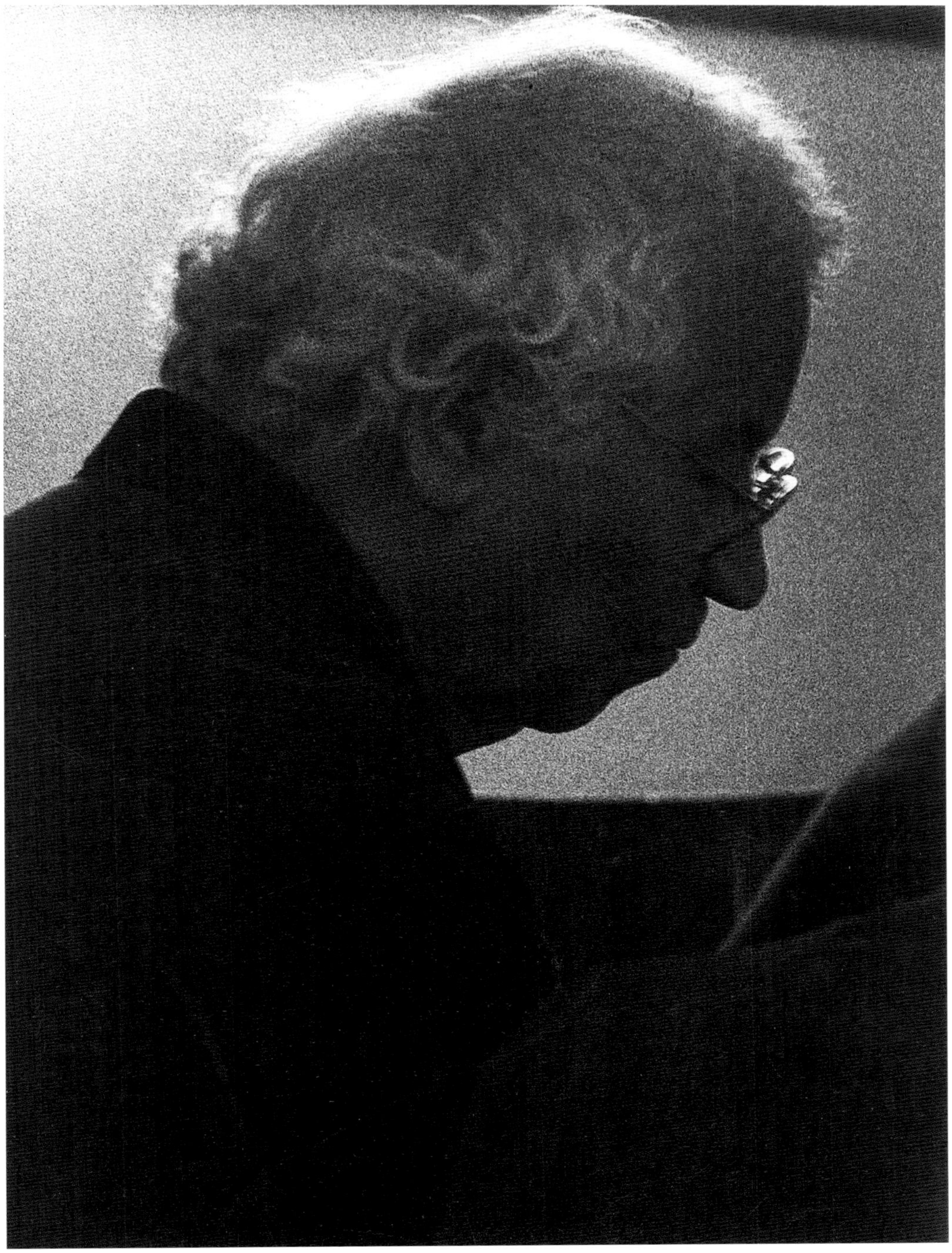

2003

Allen Jones, geboren 1937 in Southampton, lebt und arbeitet in London und ist einer der bekanntesten Vertreter der englischen Pop-Art. Von allen Künstlern hat er sie am stärksten sexualisiert und eine offensive Erotik zu seinem Markenzeichen gemacht, nicht selten ergänzt um Momente angelsächsischer Komik. Jenseits seines malerischen Schaffens verband er Skulptur und Design, indem er den weiblichen Körper u. a. als Fetisch in Tisch-Objekten mit einer Glasplatte kombinierte.

ALLEN JONES

Allen Jones, born in 1937 in Southampton, lives and works in London and is one of the most famous British Pop Artists. His work is characterised by a highly sexualised and aggressive eroticism, often accompanied by his typically British humour. He has also linked sculpture to design, for instance by turning female bodies into tables by fixing tops plate glass to their backs.

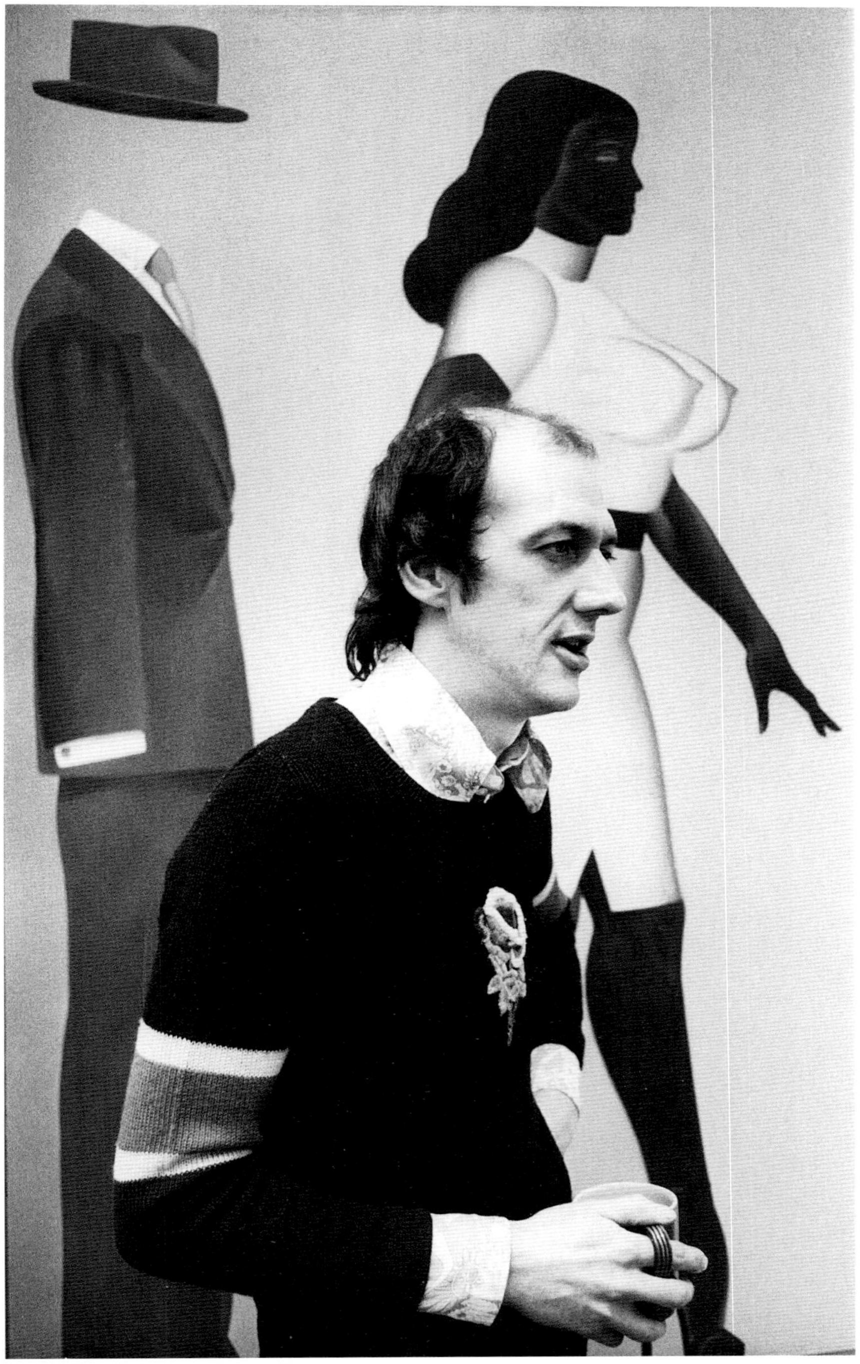

1971

Eduardo Paolozzi, als Sohn italienischer Einwanderer 1924 in Leith/Edinburgh geboren und 2005 in London gestorben, irritierte mit seinem Schaffen viele seiner Bewunderer durch mehrfache Stil- und Richtungswechsel. Eine besondere Anziehungskraft übten auf ihn die Produkte einer trivialen Konsumwelt aus, die er in den Anzeigen von Illustrierten fand und die ihn Anfang der 1950er Jahre zum Mitbegründer der englischen Pop-Art werden ließen. Das skulpturale Werk Paolozzis verweist durch die Verwendung von Schrott und Abfallstücken neben hochwertigen Materialien auf die fragwürdige Faszination moderner Maschinenästhetik „Mein Heiliger Geist ist Mickey Maus."

EDUARDO PAOLOZZI

Eduardo Paolozzi, was born in 1924, the son of Italian immigrants, in Leith in Edinburgh, and died in 2005 in London, where he had spent most of his life. He irritated many of his admirers by changing his style and production many times. He was particularly attracted to the trivial consumer products that are displayed in magazine advertisements. Paolozzi is one of the founders of British Pop Art in the 1950s. His sculptural work alludes, through his use of technical rubbish and discarded objects along with high-quality materials, to the dubious fascination of machine aesthetics. "My Holy Ghost is Mickey Mouse".

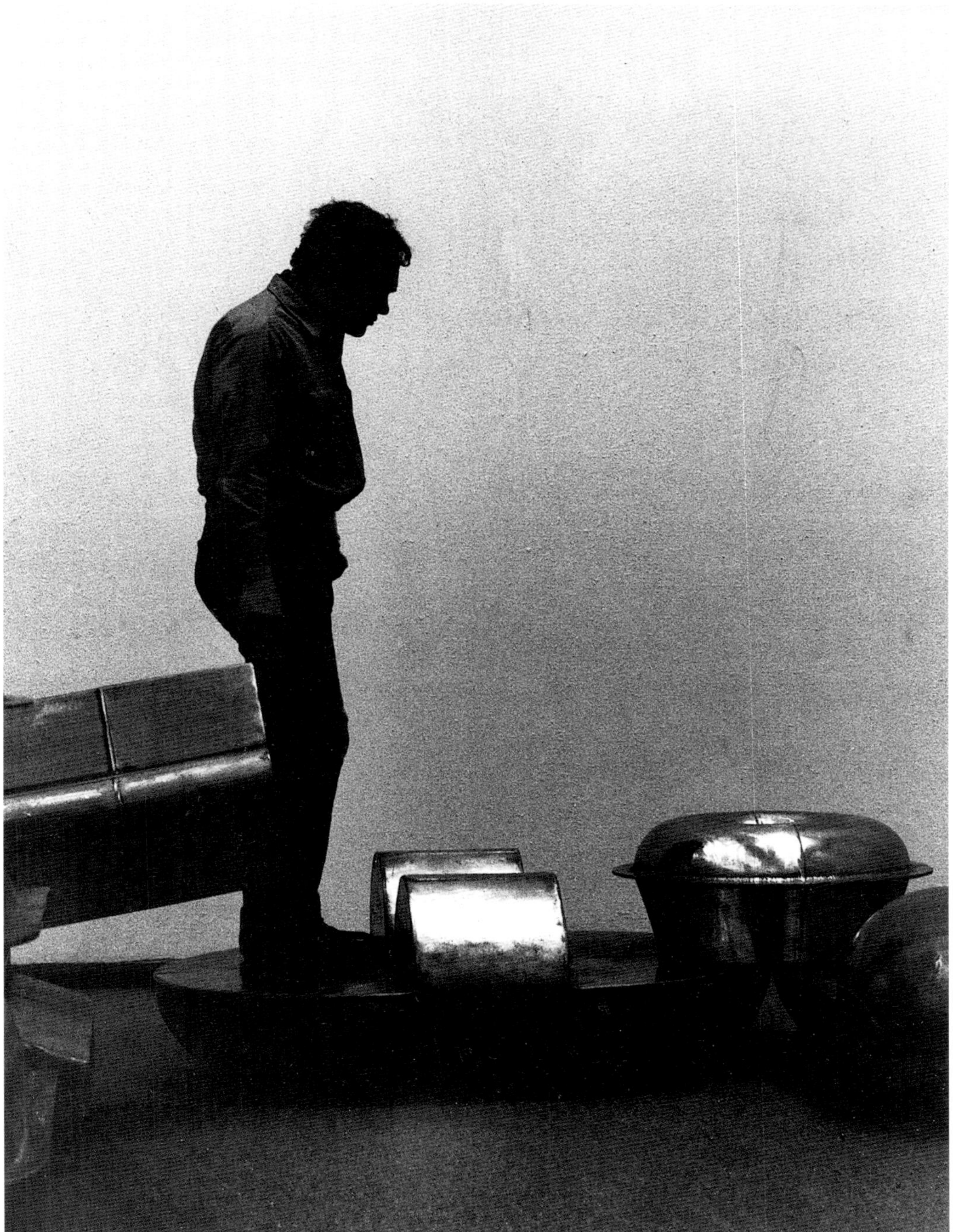

1967

Richard Hamilton, 1922 in London geboren, war zunächst in der Werbeindustrie tätig, ehe er 1952 zum Mitbegründer der „Independent Group" wurde, zu der neben Künstlern auch die Kritiker Lawrence Alloway und Reyner Banham gehörten. Durch Hamiltons Kenntnis der Werbung und Massenmedien war es für ihn selbstverständlich, Motive aus der Konsum- und Illustriertenwelt in seine Bilder und Collagen zu integrieren. *This is Tomorrow* hieß die wegweisende Ausstellung, in der seine Arbeiten in der Londoner Whitechapel Gallery 1956 zuerst zu sehen waren.

RICHARD HAMILTON

Richard Hamilton, born in 1922 in London, initially worked in the advertising industry. In 1952 he was a cofounder of the "Independent Group" whose members included artists and the critics Lawrence Alloway and Reyner Banham. Hamilton's knowledge of advertising and the mass media constituted the starting point for the motifs in his pictures and collages, which were derived from the world of consumer products and magazines. *This is Tomorrow*, in the Whitechapel Gallery in London in 1956, constituted a seminal exhibition of his work.

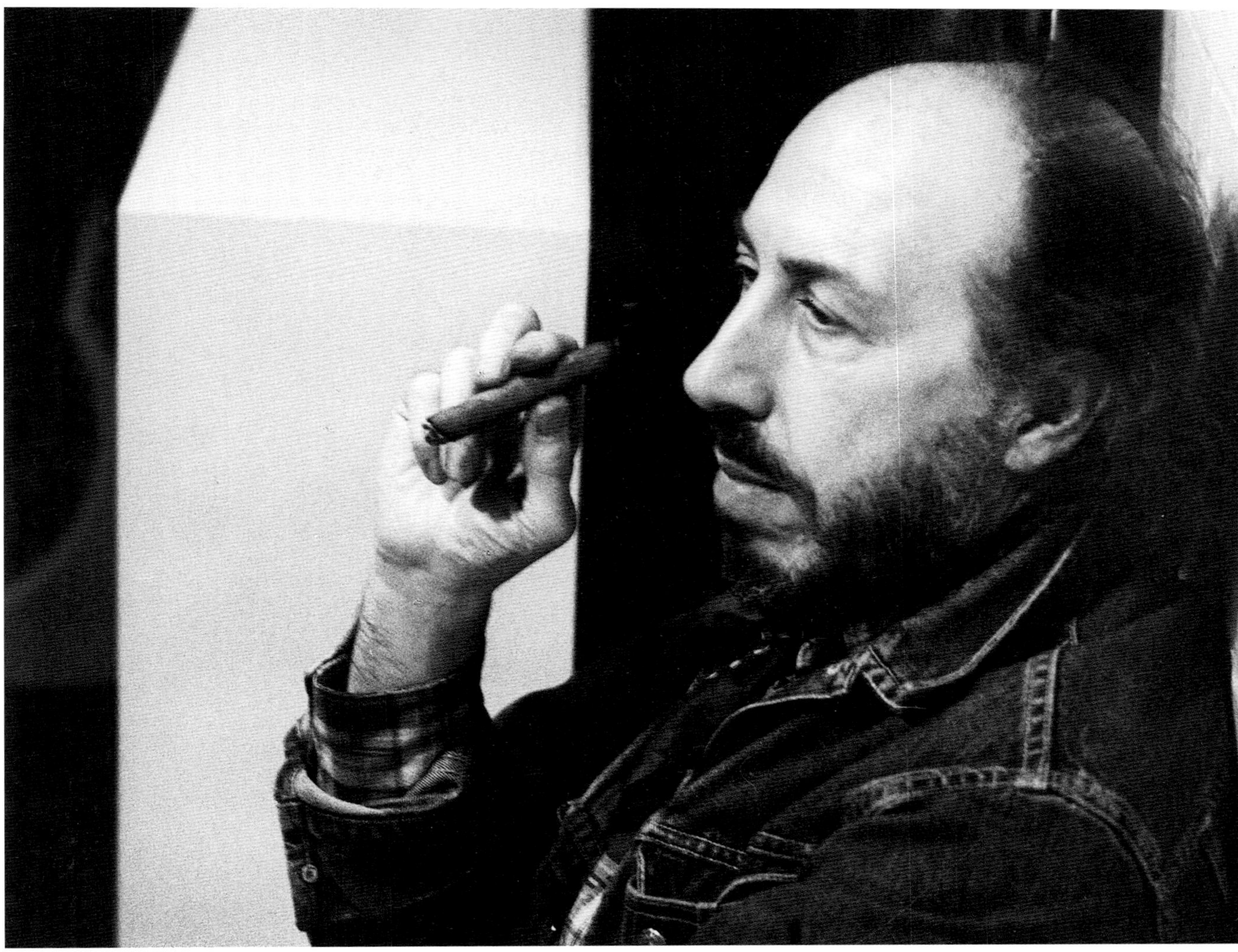

1968

Victor Vasarely, geboren 1906 in Pécs/Ungarn, gestorben 1997 in Paris, verbrachte nach 1930 sein ganzes Leben in Frankreich und hat hier wesentlich zur Entwicklung der Op-Art, der Kunst der augentäuschenden Effekte, beigetragen. Ihm lag, wie er sagte, die „Demokratisierung der Kunst“ am Herzen, der er selbst mit der massenhaften Verbreitung seiner Arbeiten durch den Siebdruck Rechnung trug. „Das Äußere und das Innere stehen durch eine Art Osmose miteinander in Verbindung.“

VICTOR VASARELY

Victor Vasarely, born in 1906 in Pécs in Hungary, died in 1997 in Paris. He lived in France from 1930 onwards and made a major contribution to Op Art, the art of optical illusionary effects. The "democratisation of art", he said, was essential for him, and he promoted it through the large-scale production of his works using screen-printing techniques. "The external and the internal are connected to each other by a kind of osmosis".

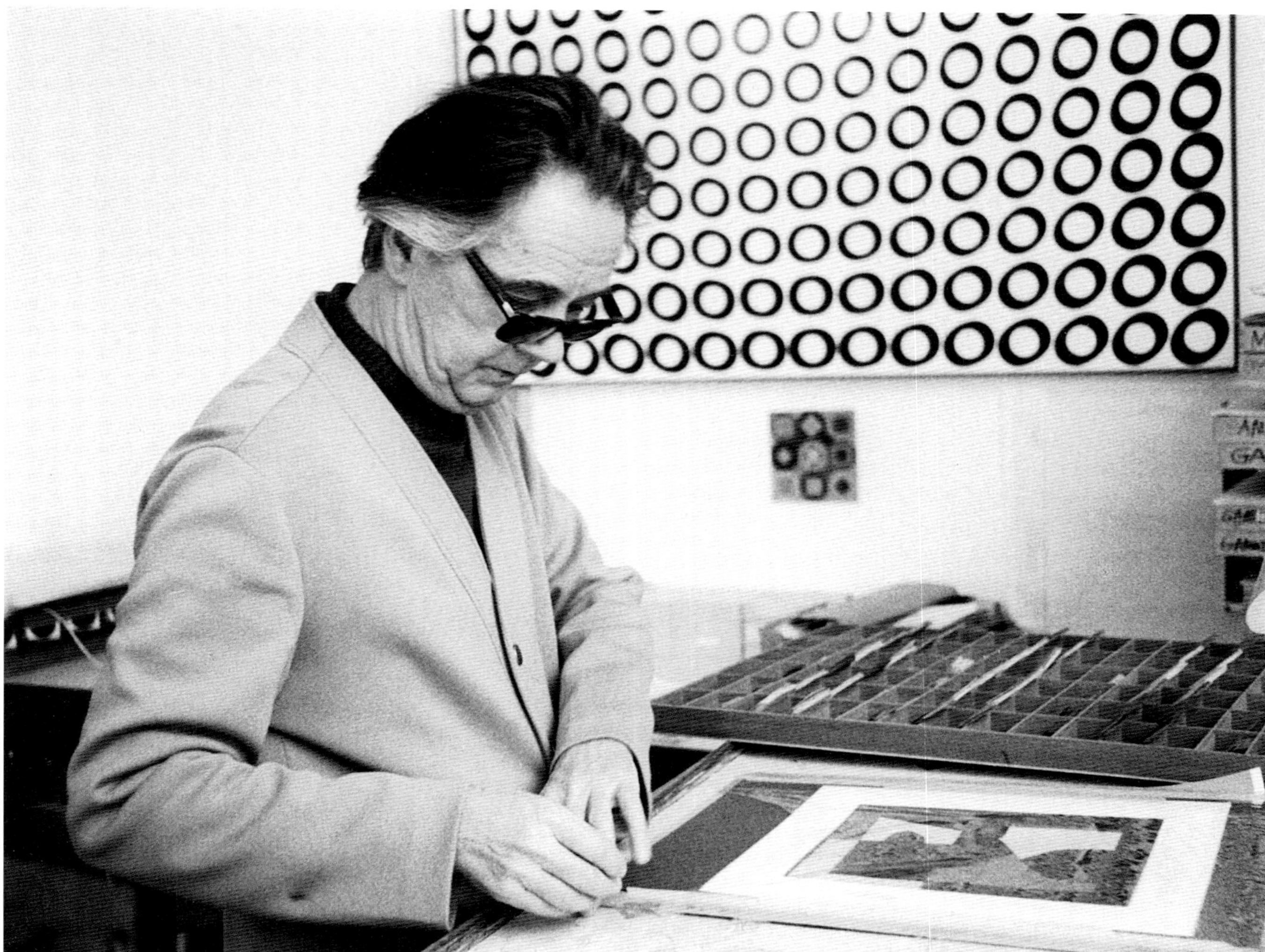

1972

Bridget Riley, 1931 in London geboren und dort am Goldsmith College und dem Royal College of Art ausgebildet, hat sich in Theorie und Praxis intensiv mit dem Neo-Impressionismus und der Wirkung von Farben beschäftigt. Zunächst erzielte die führende Künstlerin der Op-Art mit schwarz-weißen Bildern, dann mit bunten Bänder- und Wellenstrukturen immer subtilere und schließlich die optische Wahrnehmung irritierende und den Bildraum in leichte Schwingung versetzende Effekte.

BRIDGET RILEY

Bridget Riley, born in 1931 in London, where she studied at Goldsmith College and the Royal College of Art, has worked intensively on the theory and practice of Neo-Impressionism and on colour effects. This leading protagonist of Op Art has achieved increasingly subtle and ultimately bewildering effects that produce disturbing optical illusions. Her first paintings were in black-and-white, after which she turned to colour stripes and wave designs.

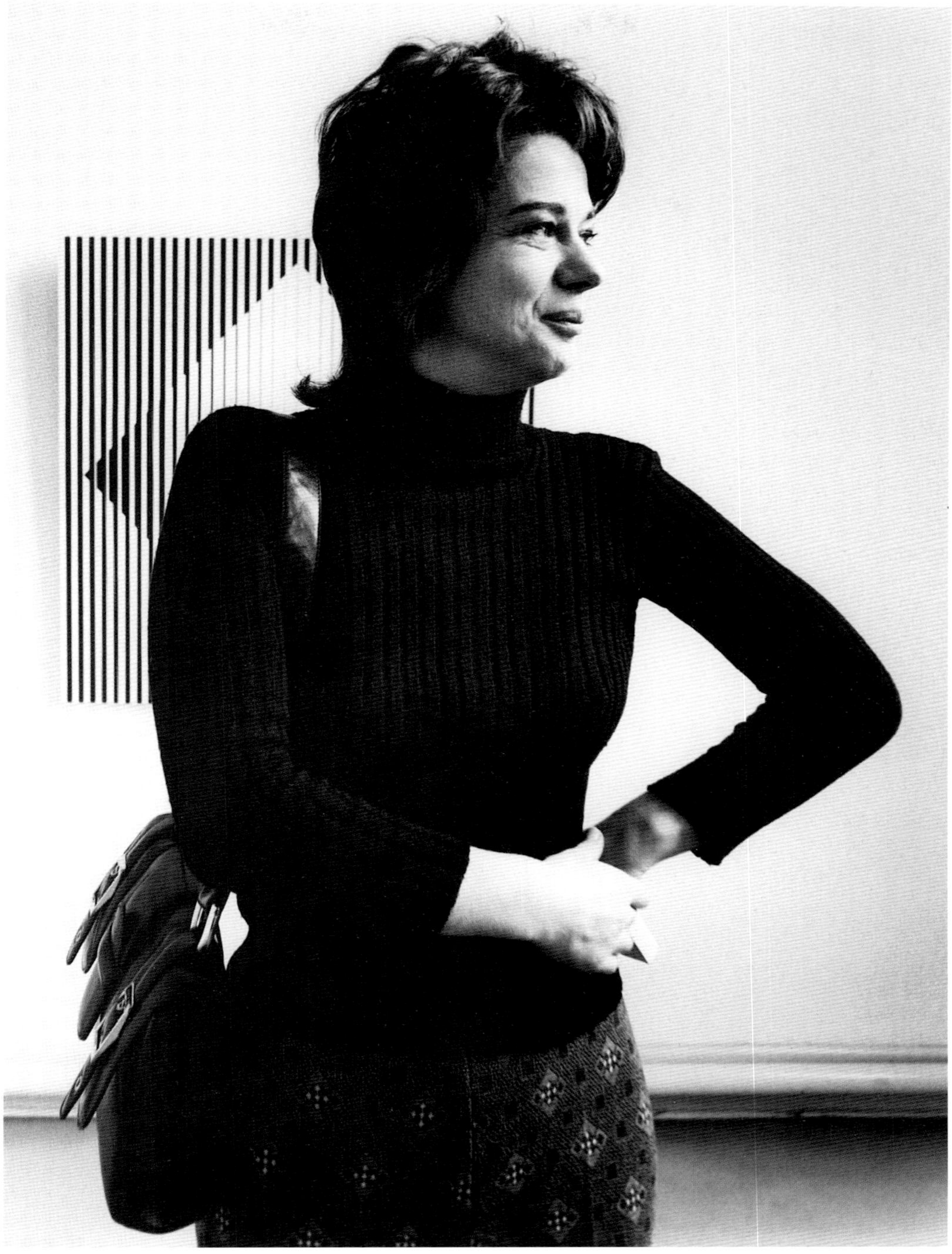

1970

Larry Rivers, Pop-Künstler vor der Geburt der Pop-Kunst, wurde 1923 in New York geboren, wo er auch 2002 starb. Nach einem Studium an der Juilliard Music School ging er 1947/1948 an die Schule des Malers Hans Hofmann, dann an die New York University. Schon in den 1950er Jahren entdeckte er die Gegenstände und Materialien des Alltags für seine Arbeit. Er integrierte Fotos, Buchstaben und Wörter in seine Bilder, in denen er oft Geschichte und Gegenwart in lockeren Strichen und Collagen gegeneinander in Stellung brachte. „Ich stelle mir den Künstler immer als eine Art von Pfarrer ohne Gemeinde vor oder als einen lächerlichen Opernsänger … der in ein leeres Theater hineinbrüllt."

LARRY RIVERS

Larry Rivers, a Pop Artist before Pop Art, was born in New York in 1923, and died there in 2002. After studying at the Juilliard School of Music in 1947/8, he attended Hans Hofmann's art school and New York University. As early as the 1950s, he was using everyday objects and materials in his work. He integrated photographs, letters and words into his pictures in which he often juxtaposed the past and the present, using loose brushstrokes and collage. "I continually picture the artist as a minister without a parish or as some ludicrous opera singer … bellowing to an empty theater".

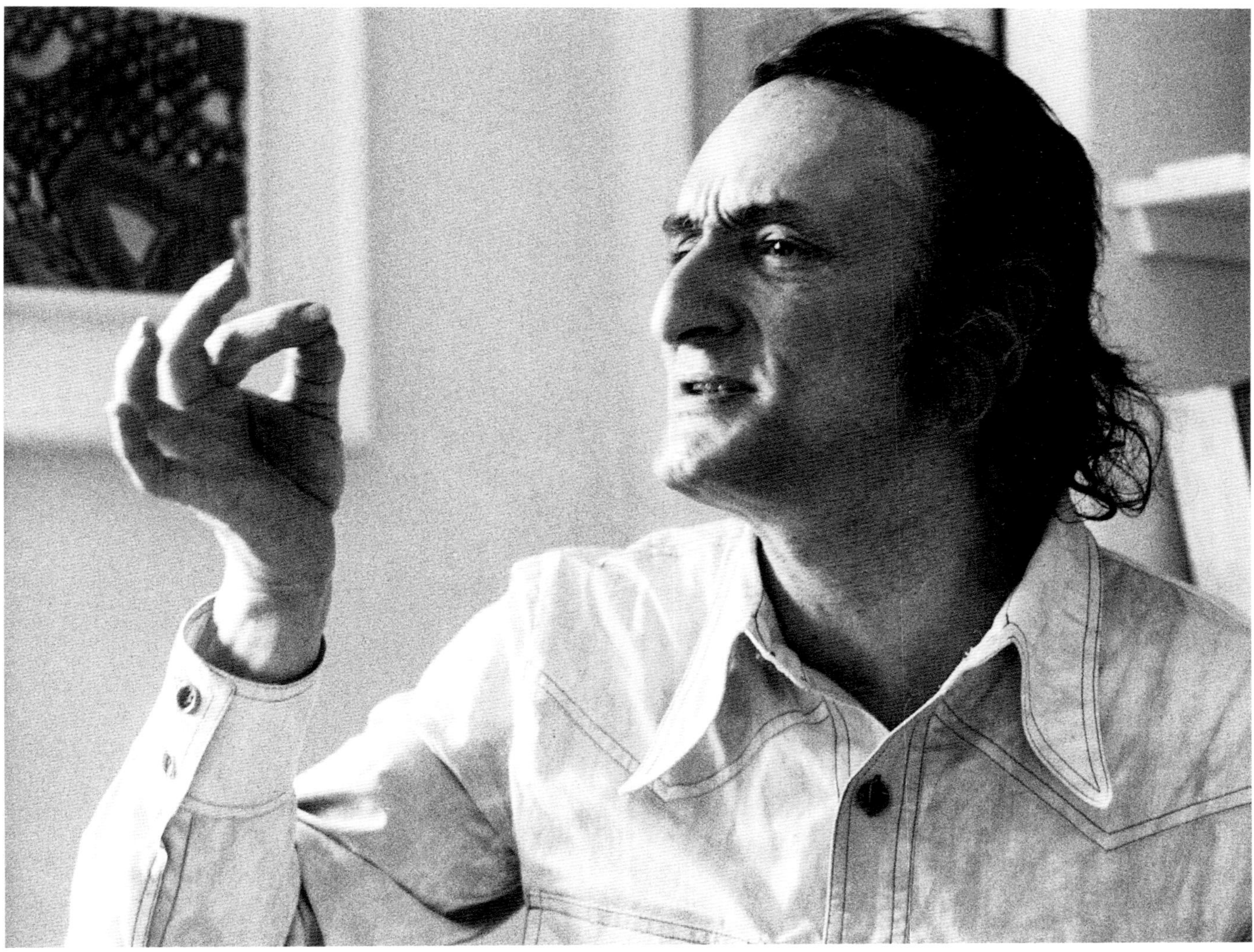

1973

Jim Dine wuchs in kleinbürgerlichen Verhältnissen in Cincinnati/Ohio auf, wo er 1935 geboren wurde. Nach dem Studium der freien und der angewandten Kunst ging er 1959 nach New York, wo er zusammen mit Claes Oldenburg und Allan Kaprow eine Galerie gründete und erste Happenings arrangierte. Der Maler, Grafiker, Bühnenbildner, Performancekünstler und Lyriker wird allgemein der Pop-Art zugerechnet, der Bademantel war ein Lieblingsmotiv der frühen und die „Venus von Milo" eines seiner späteren Jahre.

JIM DINE

Jim Dine was born into a lower-middle class family in Cincinnati, Ohio, in 1935. After studying the fine and applied arts he went to New York in 1959 where he opened a gallery with Claes Oldenburg and Allan Kaprow and organised some of the first Happenings. This painter, printmaker, set designer, performance artist and poet is generally associated with Pop Art. Bathrobes constituted one of his favourite early motifs, while "Venus of Milo" was more prevalent in his later years.

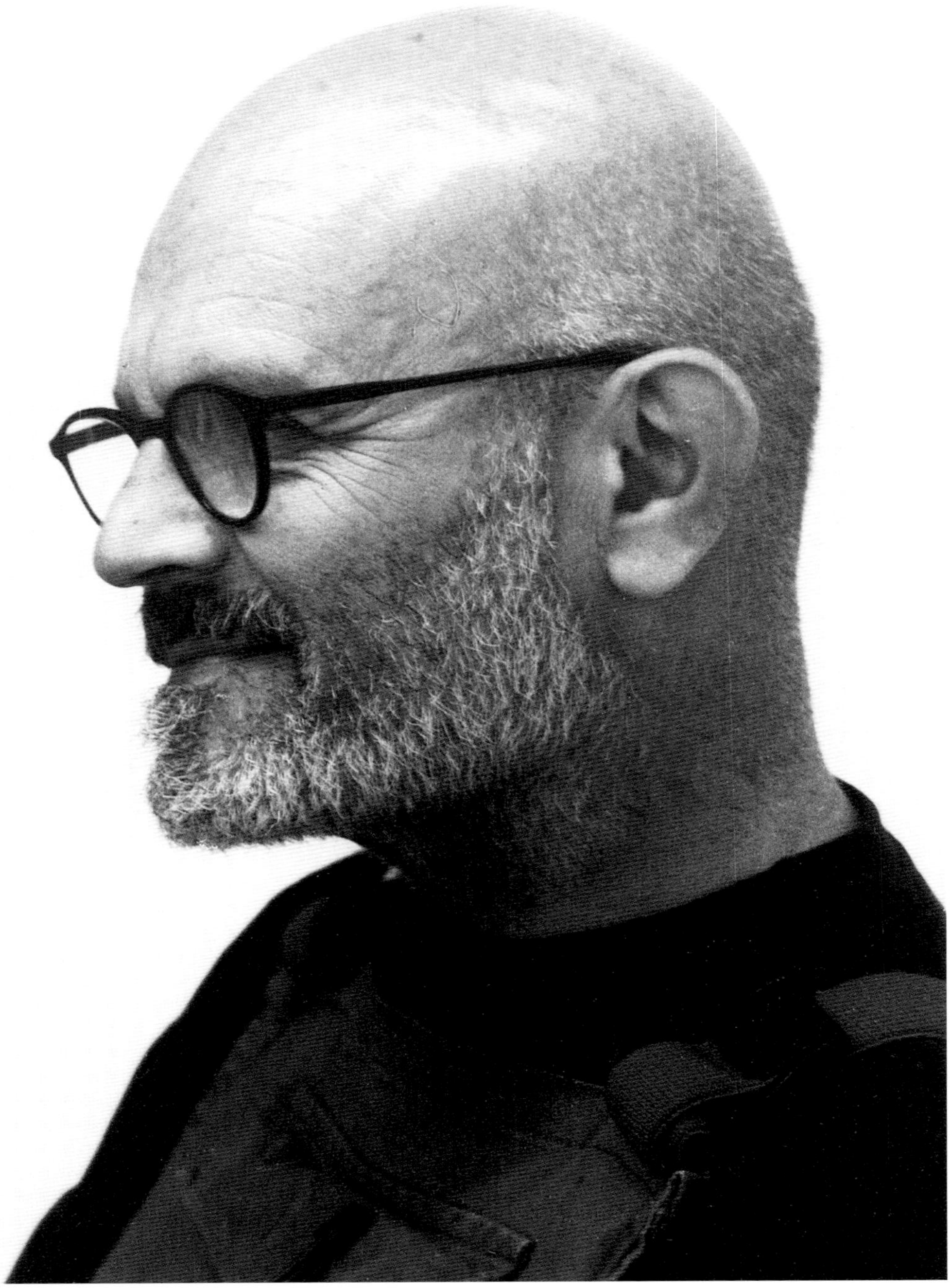

1995

Friedensreich Hundertwasser wurde als Fritz Stowasser 1928 in Wien geboren und starb 2000 auf dem Luxusdampfer „Queen Elizabeth“ während einer Reise von Neuseeland – das ihm zur zweiten Heimat geworden war – nach Europa. Sein leidenschaftliches Engagement für Natur und Umweltschutz, das auch der Anlass für seine phantasievollen Bauten war, hatte den nicht unumstrittenen Künstler zuletzt auch der Kunstwelt entfremdet. „Jeder soll bauen dürfen. Nur wenn Architekt, Maurer und Bewohner eine Einheit sind, kann man von Architektur sprechen.“

FRIEDENSREICH HUNDERTWASSER

Friedensreich Hundertwasser was born Fritz Stowasser in 1928 in Vienna, and died in 2000 on the luxury liner "Queen Elizabeth" during a voyage from New Zealand – which had become his second home – to Europe. His passionate concern for nature and the environment, which was also the inspiration for his fantastical buildings, led to this artist's estrangement from the art world. "Everyone should be allowed to build. Only when the architect, builder and inhabitants create a unity, we can talk about architecture".

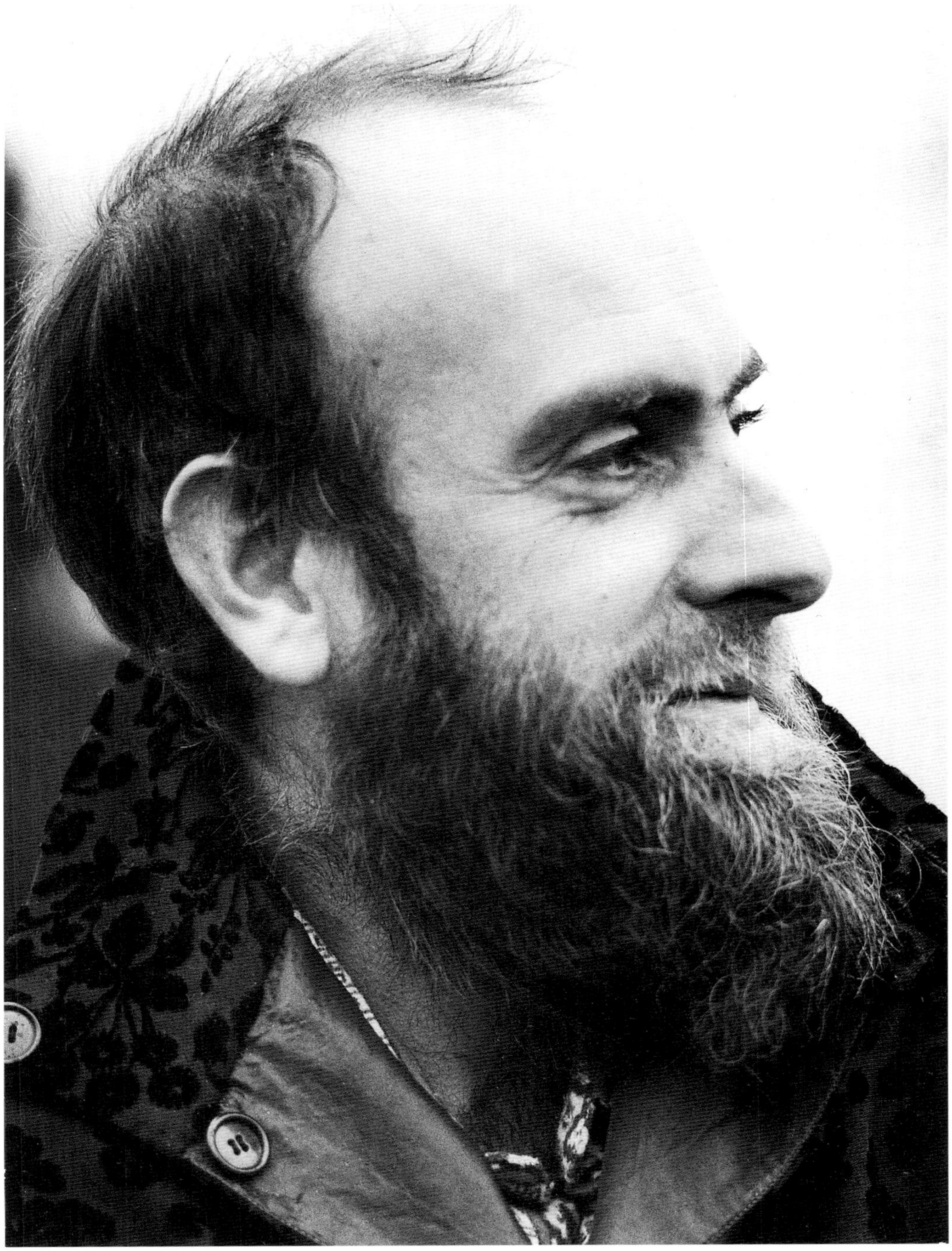

1972

Günter Brus, geboren 1938, gehört – neben Hermann Nitsch und Otto Muehl – zu den Mitbegründern des Wiener Aktionismus, der vielleicht wichtigsten künstlerischen Bewegung in Österreich nach dem Zweiten Weltkrieg. Dabei wandte Brus sich vor allem der Erforschung der eigenen Körperlichkeit zu, was ihn von anfänglicher *Selbstbemalung* schließlich zur existenziellen *Zerreißprobe* führte. Nach 1970 schuf er ein kaum überschaubares Werk meist farbiger Zeichnungen, von denen viele in Serien zusammengefasst sind, vergleichbar den „Bilddichtungen" von William Blake. „Als ich jenseits von unserer Zeit ein Buddhist war und an die Wiedergeburt glaubte, wurde ich als William Blake wiedergeboren."

GÜNTER BRUS

Günter Brus – like Hermann Nitsch and Otto Muehl – was one of the founding members of Viennese Actionism, perhaps the most important post-war artistic movement in Austria. Brus was also very interested in investigating his own physicality, a process which he originally called *Selbstbemalung (Self-painting)* and which led to the existential *Zerreißprobe* (Acid test). After 1970 he created an immense body of work, largely coloured drawings, many of them parts of series, similar to William Blake's "pictorial poetry". "When outside our time, I was a Buddhist and believed in rebirth, and I was reborn as William Blake".

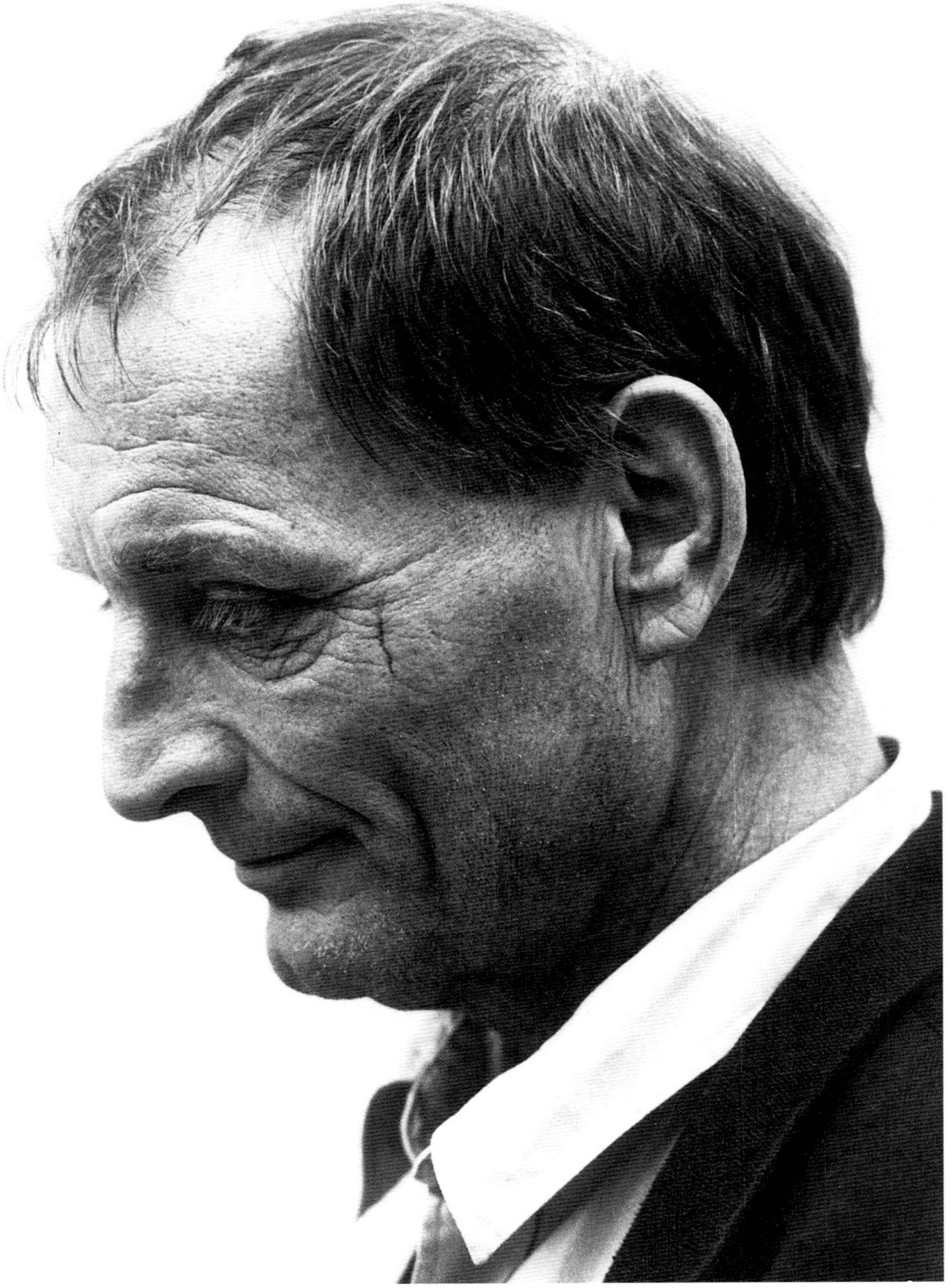

1999

Hermann Nitsch, geboren 1938 in Wien, wird heute zu Recht mit dem von ihm seit 1957 entwickelten Orgien Mysterien Theater identifiziert. Diese so bezeichneten „Aktionen“ und „Malaktionen“, als Gesamtkunstwerk konzipiert, finden vor allem im Hof und den Gebäuden des Schlosses Prinzendorf im niederösterreichischen Weinviertel statt. „Meine Utopie? In einem kleinen Waldtal ein Obstgarten. Im Obstgarten ist eine kleine Hütte, davor Tisch und Bank, worauf nach Sonnenuntergang der Pfleger des Gartens sitzt.“

HERMANN NITSCH

Hermann Nitsch, born in 1938 in Vienna, is today, with good reason, identified with his Theatre of Orgies and Mysteries, which he has been developing since 1957. These "actions" and "painting actions" are conceived as a gesamtkunstwerk. They usually take place in the courtyard and buildings of Prinzendorf Castle in the wine-growing region of Lower Austria. "My Utopia? In an orchard in a small valley in the forest. There's a small hut in the orchard. In front of it is a table and a bench; after sunset the orchard-keeper sits here".

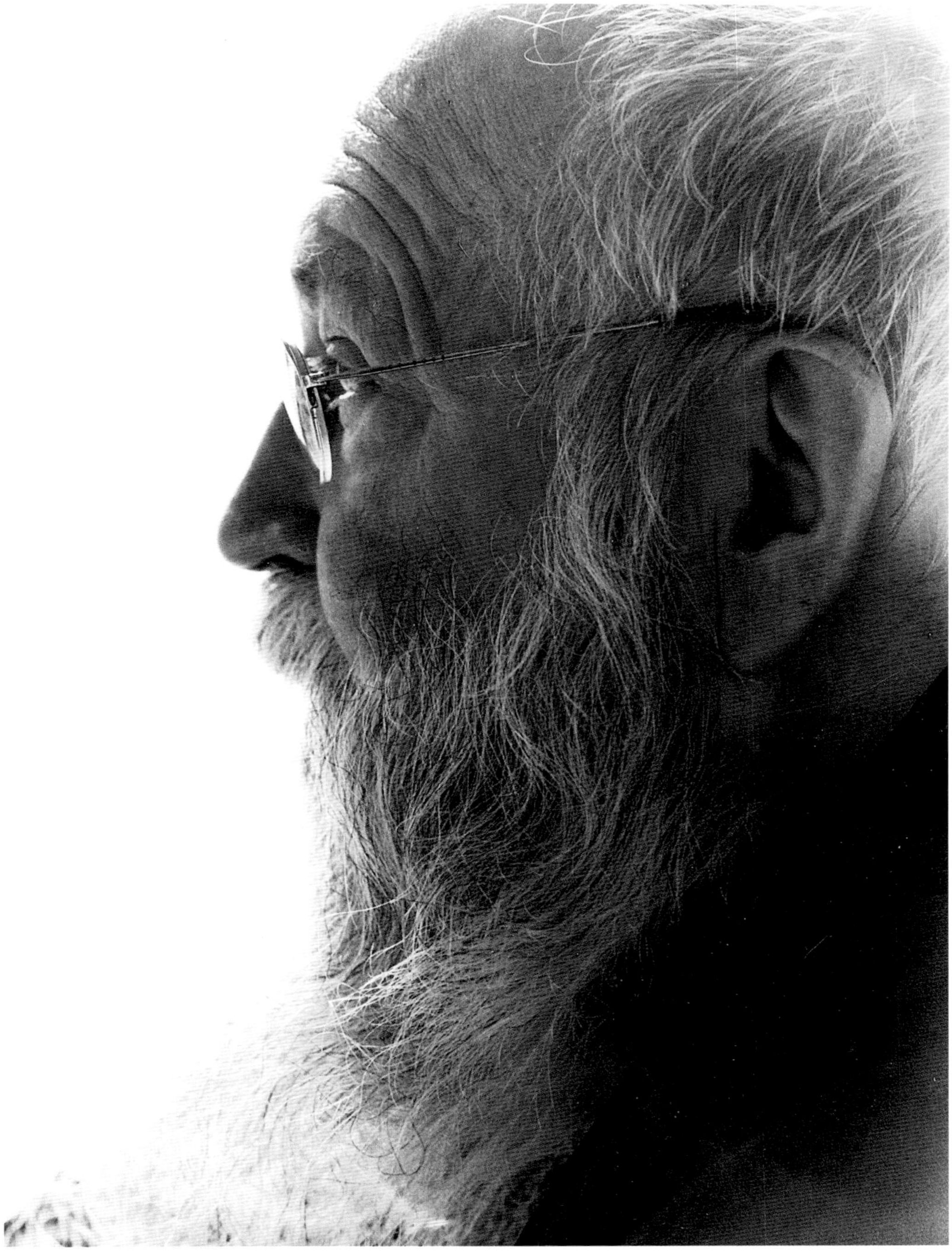

2006

Arnulf Rainer, geboren 1929 in Baden bei Wien (wo ihm inzwischen ein eigenes Museum gewidmet ist), trat 1951 als einer der Begründer der dissidenten „Hundsgruppe“ hervor, ehe er mehr und mehr zum Einsiedler wurde. Mit seinen „Vertikalgestaltungen“, „Übermalungen“, „Kreuzformen“, seinen körpersprachlich geprägten Fotobearbeitungen und anderen Serien verstand er es immer wieder, sich ins Zentrum der Aufmerksamkeit zu rücken. „Malerei entsteht, um Malerei zu absorbieren, sie zu entwerten und zu beerdigen.“

ARNULF RAINER

Arnulf Rainer, born in 1929 in Baden near Vienna (now there is a museum dedicated to his work), came to public attention in 1951 as one of the founders of the dissident "Hundsgruppe" (Dog Group). Later his "vertical structures", "over paintings" and "cross forms", his photographic works shaped by body language, and other series have repeatedly attracted attention. "Painting occurs in order to absorb painting, to devalue it and to bury it".

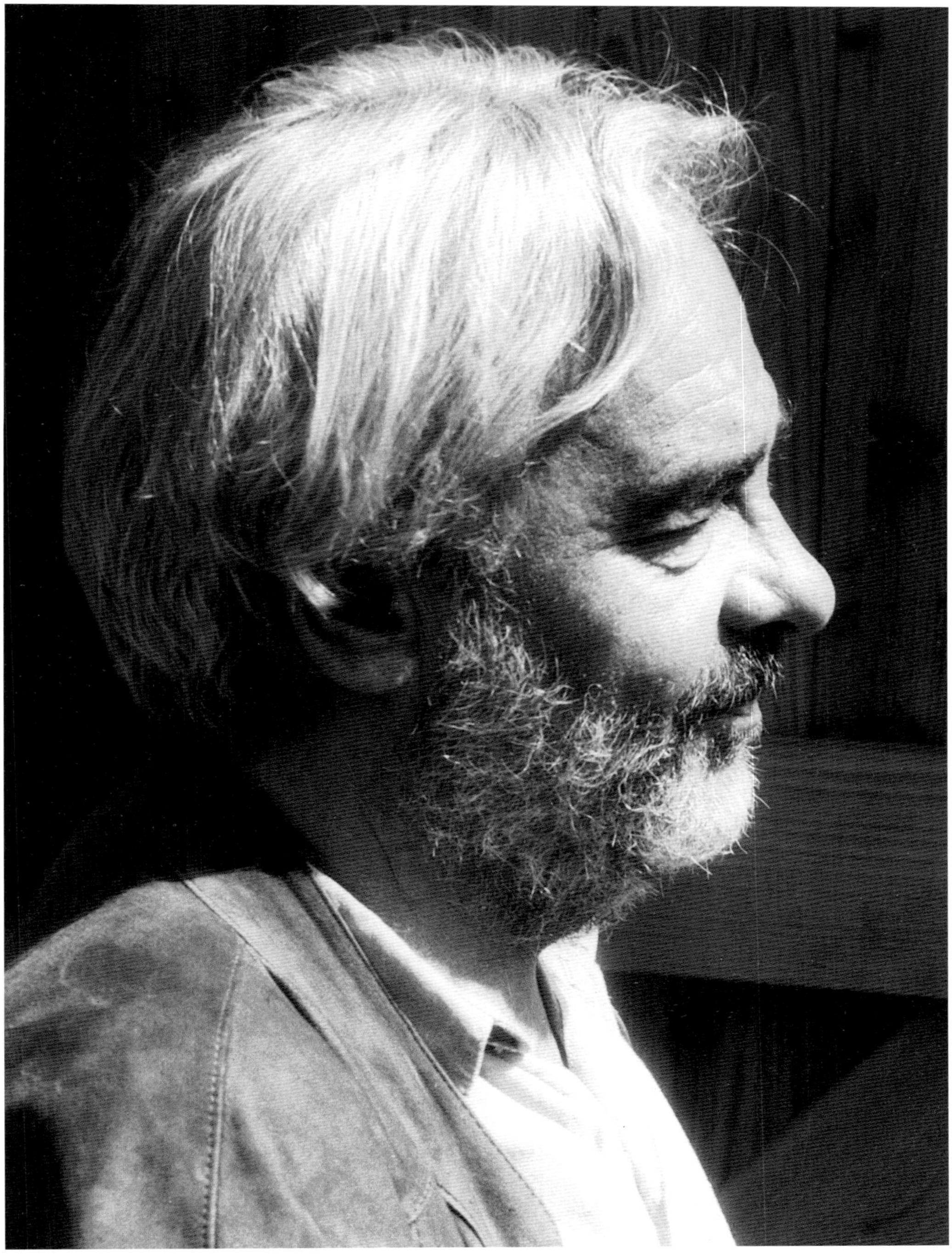

1998

Maria Lassnig, geboren 1919 in Kappel/Kärnten, lebte lange Jahre in Paris und New York, wo sie durch ihre „body awareness paintings“ („Körpergefühlsbilder“) bekannt wurde, mit denen sie Körperempfindungen unmittelbar zum Ausdruck brachte. Maria Lassnig spricht zum Prinzip ihrer Kunst in von ihr verfassten, begleitenden Texten von „introspektiven Erlebnissen“, die ihr gesamtes Werk geprägt haben. „Je besser die Körperkondition, desto genauer fühlt man die Körpersensation, je müder Körper und Geist, desto realistischer wird die Malerei.“

MARIA LASSNIG

Maria Lassnig, born in 1919 in Kappel in Corinthia, Austria, lived for many years in Paris and New York where she attracted attention with her "body awareness paintings", which present a direct expression of her physical sensations. In the texts that accompany her work, Maria Lassnig talks about the principles of her art and about the "introspective experiences" that have shaped her entire oeuvre. "The better the condition of the body, the better we can feel the sensations of the body; the more tired our body and mind, the more realistic our painting becomes".

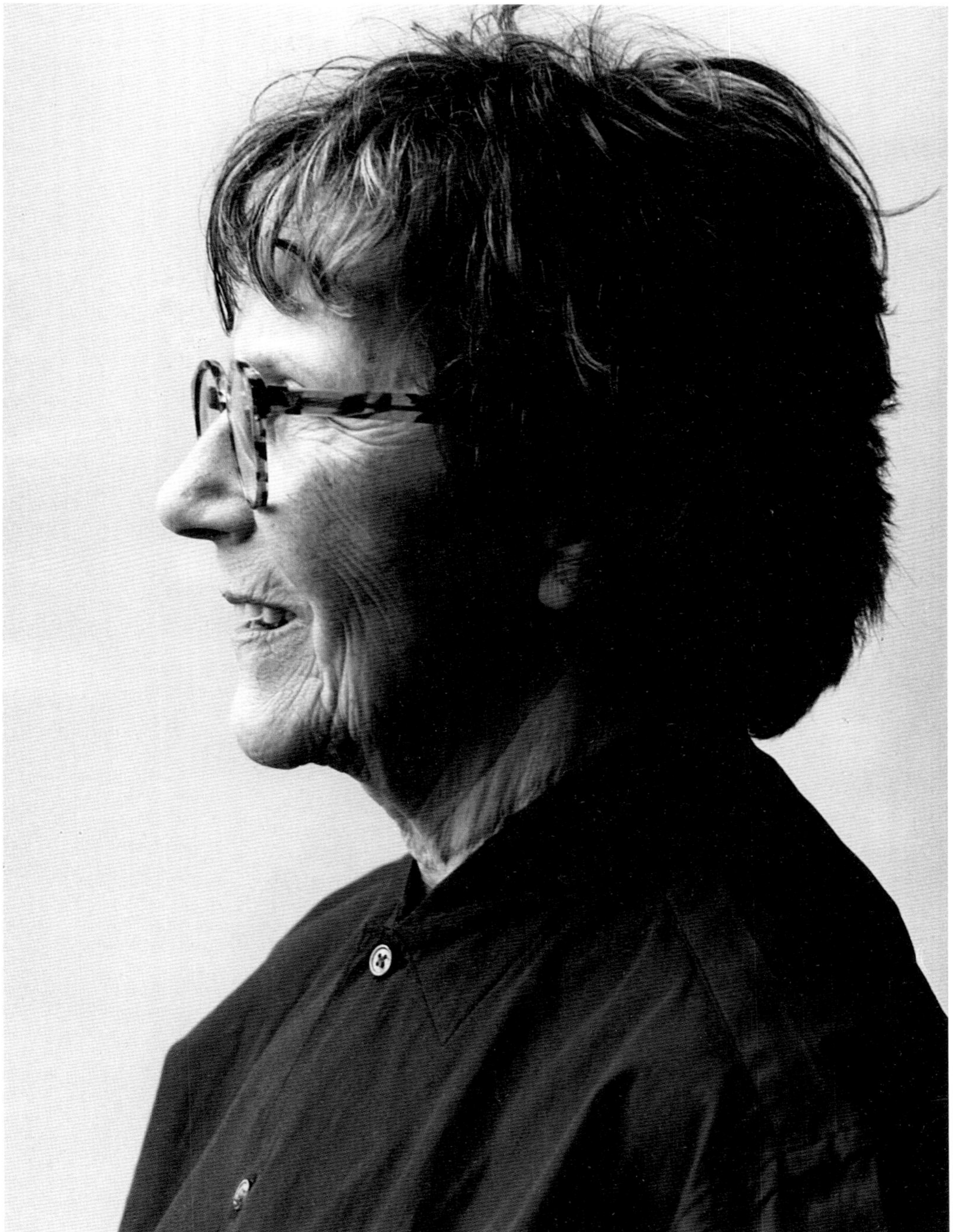

2002

Ronald B. Kitaj, der 1932 in Cleveland/Ohio geboren wurde und 2007 in Los Angeles starb, gilt trotz seiner amerikanischen Herkunft allgemein eher als ein Künstler der englischen Szene. Gemeinsam mit David Hockney, Allan Jones und Eduardo Paolozzi gehörte Kitaj in den 1960er Jahren zu jener Londoner Kunstszene, die als Brit-Pop eine Alternative zur amerikanischen Pop-Art war. Nach den Bildcollagen aus dieser Zeit widmete sich Kitaj, dessen Werk auch viele Bezüge zur Literatur aufweist, wieder einer rein figurativen Malerei.

RONALD B. KITAJ

Ronald B. Kitaj, born in 1932 in Cleveland/Ohio, died in 2007 in Los Angeles. Despite his American roots, he is generally viewed as a British artist. Like David Hockney, Allan Jones and Eduardo Paolozzi, Kitaj was a member of the London art scene in the 1960s – Brit Pop as an alternative to American Pop Art. During that time, Kitaj produced pictorial collages that display many references to literature, but he subsequently returned to figurative painting.

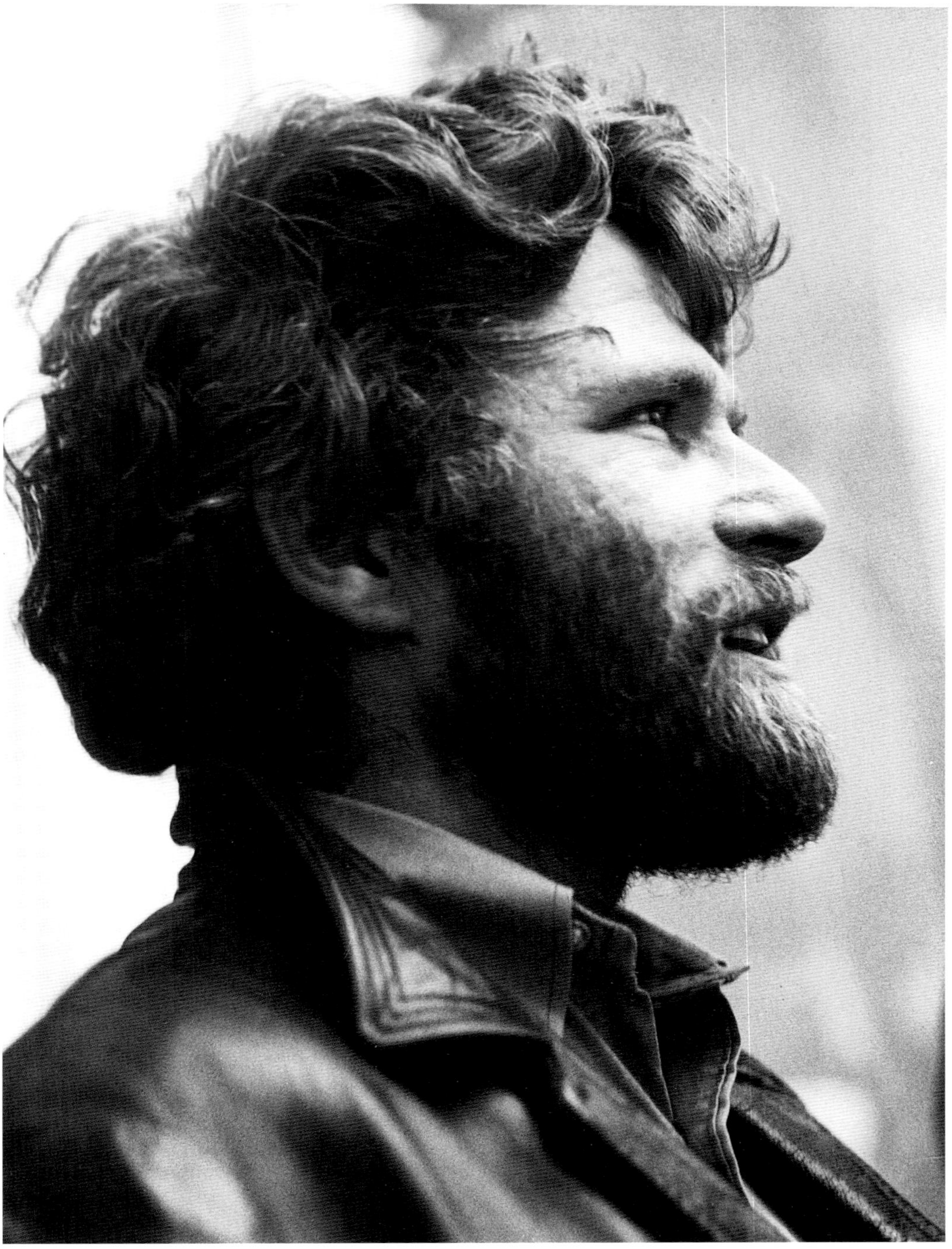

1971

Jason Rhoades, wurde 1965 in Newcastle/Kalifornien geboren und starb 2006 in Los Angeles. So kurz wie sein Leben war, so intensiv ist es gewesen. Nichts schien Jason Rhoades unmöglich. Mit seinen ins Gigantische und Absurde gesteigerten Rauminstallationen, für die er gerne ausgedientes Büroinventar verwendete, und seinen ausufernden, ganze Industriehallen füllenden Inszenierungen suchte er, einen kosmischen Neubeginn zu suggerieren. „Mit dem Unmöglichen zu jonglieren, war in meiner Arbeit immer ein zentraler Punkt – drei Dinge zu nehmen, etwa einen Gummiball, eine Kettensäge und einen lebenden afrikanischen Elefanten, und irgendwie zu jonglieren."

JASON RHOADES

Jason Rhoades, born in 1965 in Newcastle in California, died in 2006 in Los Angeles. His life was as intense as it was brief. Nothing seemed impossible for Jason Rhoades. His installations tended to be huge and absurd, often featuring old office equipment, and his exuberant large-scale pieces would fill entire factory buildings, in an attempt to depict a cosmic new beginning. "To juggle the impossible was always an issue throughout my work – to take three objects, like a rubber ball, a chain saw and a live African elephant and try to juggle".

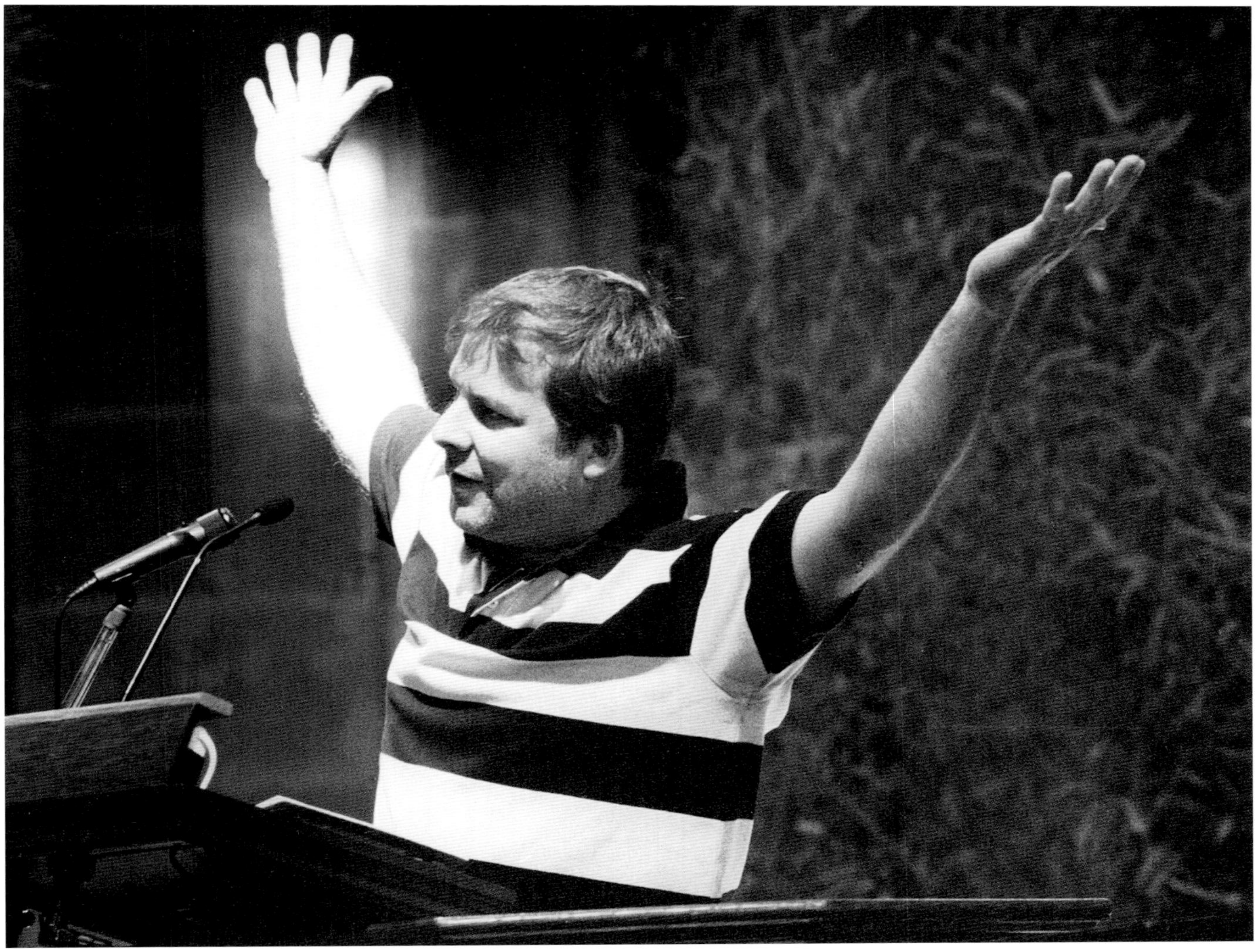

2005

Jiří Kolář, 1914 geboren und 2002 gestorben, war einer der einflussreichsten Künstler in einer für seine tschechische Heimat schwierigen Zeit der politischen Unruhen und Umbrüche, die auch sein Leben und seine Arbeit in Mitleidenschaft zogen. Er war Lyriker und Schriftsteller, international aber vor allem bekannt durch seine Grafiken und seine aus Fantasie und Realität kollationierten Papiercollagen.

JIŘÍ KOLÁŘ

Jiří Kolář, born in 1914 and died in 2002, was one of the most influential artists in his Czech homeland during the difficult period of political unrest and upheaval, which also affected his life and work. He was a poet and a writer, but his international renown was largely due to his prints and paper collages, which combined fantasy and reality.

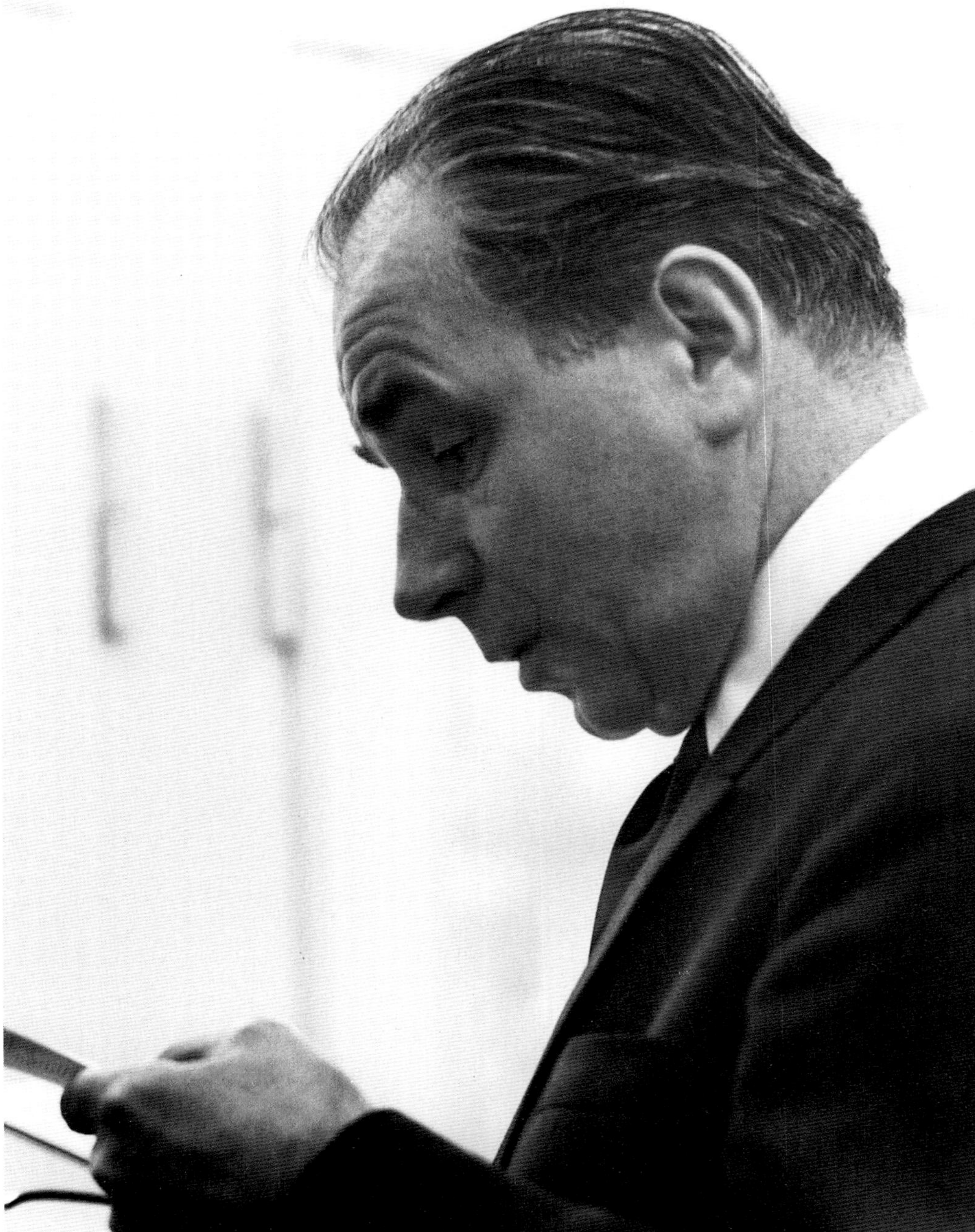

1968

Milan Knížák, geboren 1940 in Pilsen, wurde früh mit der internationalen Fluxus-Bewegung bekannt, die er in der damaligen Tschechoslowakei mit der von ihm gegründeten Künstlergruppe Actual Art (Aktuální umění) vertrat. Damit fiel er dem seinerzeitigen kommunistischen Regime, das die Kunst als Teil des Systems vereinnahmte und kontrollierte, unangenehm auf. Nach dem politischen Umbruch im Jahr 1990 wurde er Professor und Rektor der Prager Kunstakademie, seit 1999 Direktor der tschechischen Nationalgalerie in Prag. „Ist es möglich, Freude herzustellen? Hat ein Baum ein geistiges Leben? Auf welchem Platz der Erde ist Glück konzentriert? Ist es möglich, eine Menschenmenge zu liebkosen?"

MILAN KNÍŽÁK

Milan Knížák, born in 1940 in Pilzen (in the Czech Republic), became famous early on in his career thanks to the international Fluxus Movement, which he developed in the former Czechoslovakia via the Actual Art (Aktuální umění) group he founded. This was not viewed positively by the Communist regime of the time, which sought to incorporate art into the system and control artistic activity. After the political upheavals of 1990, he was appointed professor and director of the Prague Academy of Art, and then, in 1999, director of the Czech National Gallery in Prague. "Is it possible to create joy? Does a tree have a spiritual life? Where on Earth is happiness concentrated? Is it possible to caress a crowd of people?"

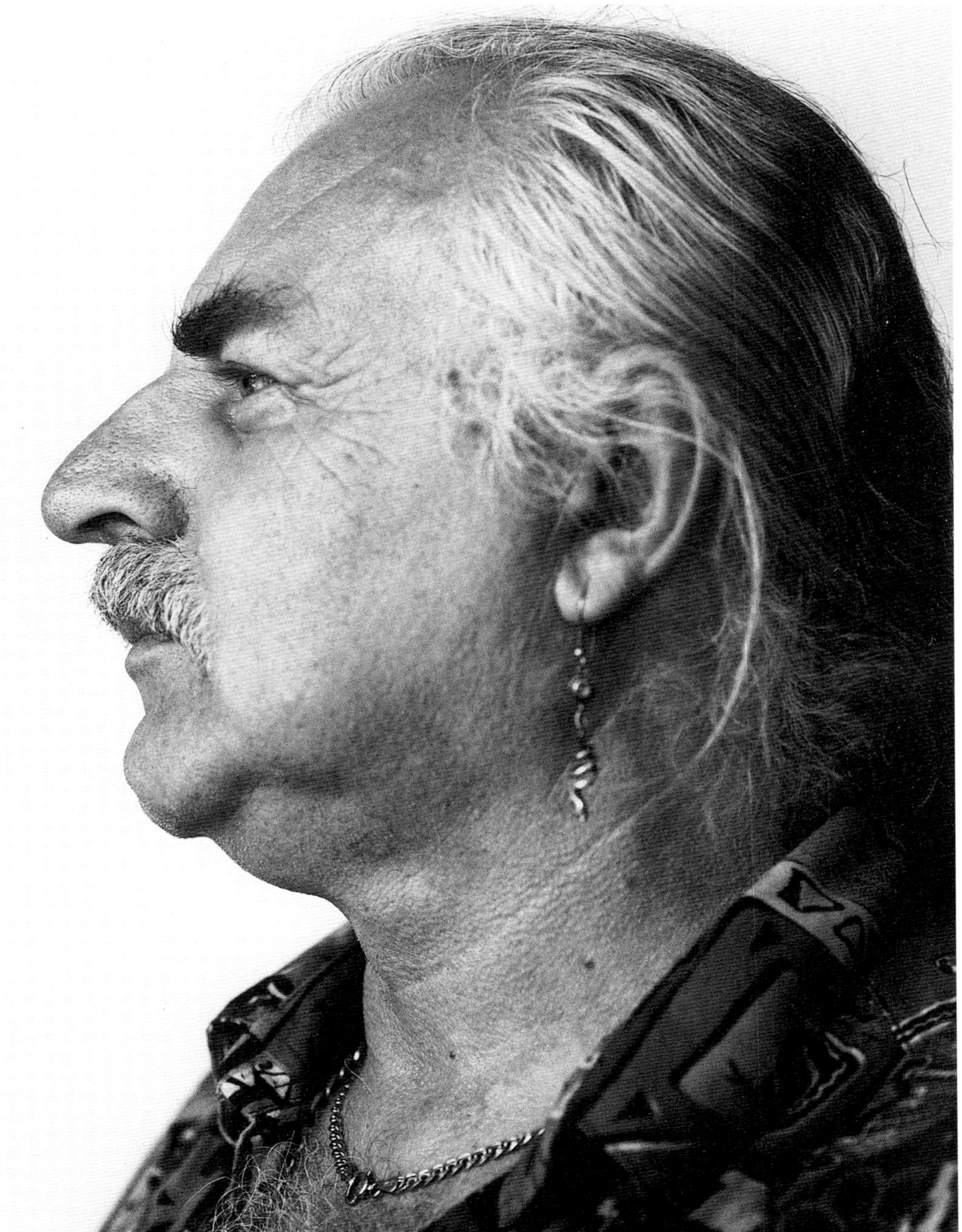

1994

Katharina Fritsch, geboren 1956 in Essen, lebt und arbeitet in Düsseldorf, wo sie auch an der Kunstakademie bei Fritz Schwegler studiert hatte. Bekannt wurde sie 1987 durch ihren *Elefanten*, eine lebensgroße, realistische Skulptur. Im *Rattenkönig* von 1993 (16 monströse Riesenratten stehen im Kreis) verknäueln sich nicht nur die Schwänze der Tiere rückwärtig, sondern auch Tierisches und Mythologisches.

KATHARINA FRITSCH

Katharina Fritsch, born in 1956 in Essen, lives and works in Düsseldorf, where she attended the Academy of Art and was a student of Fritz Schwegler. She achieved public attention in 1987 with *Elephant*, a life-size, realistic sculpture. In *Rattenkönig* (Rat King), dated 1993, (16 monstrous rats standing in a circle) the animals' tails are entangled as they hang behind them, reminiscent of the way animals are bound up with mythology.

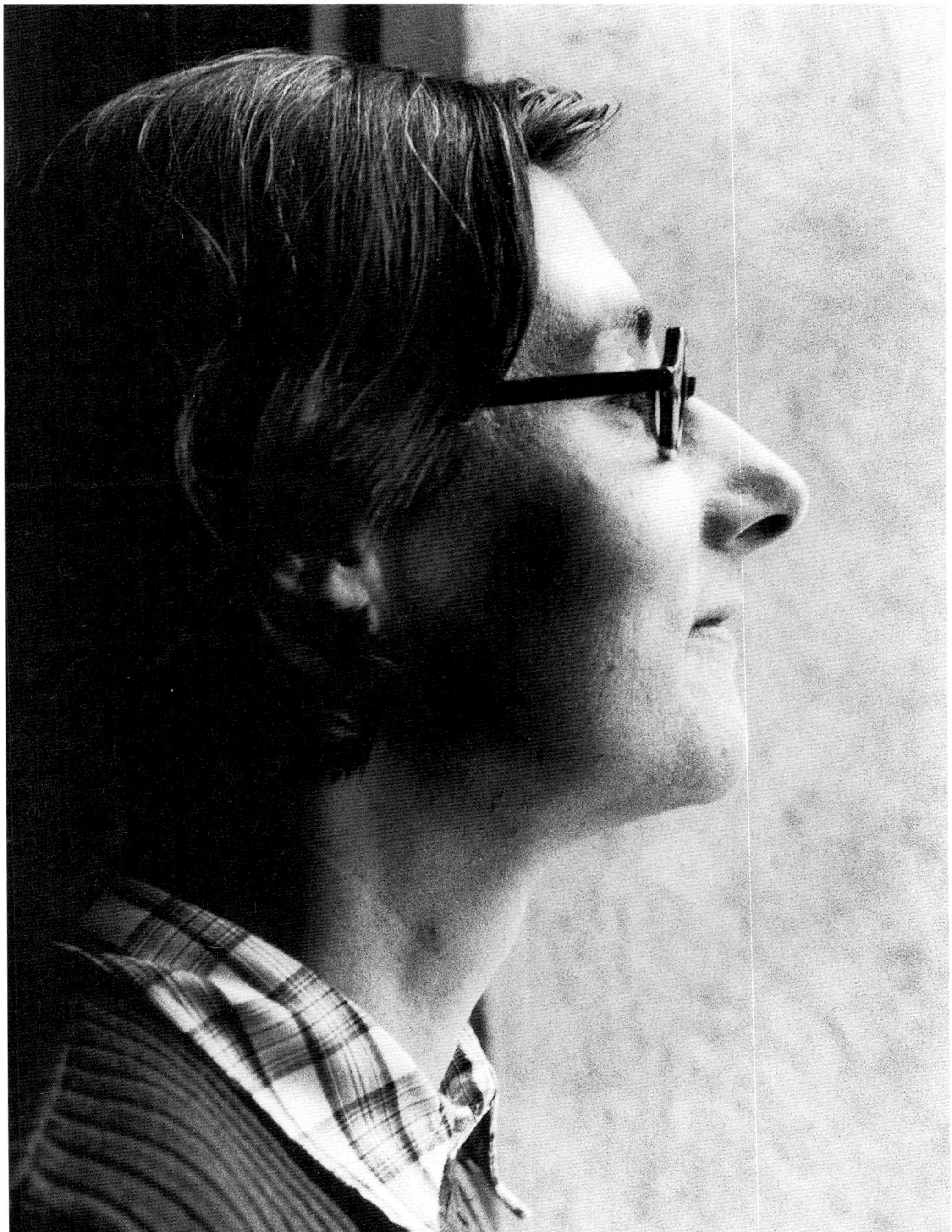

1997

Inhalt | Content

Giorgio de Chirico, 1970

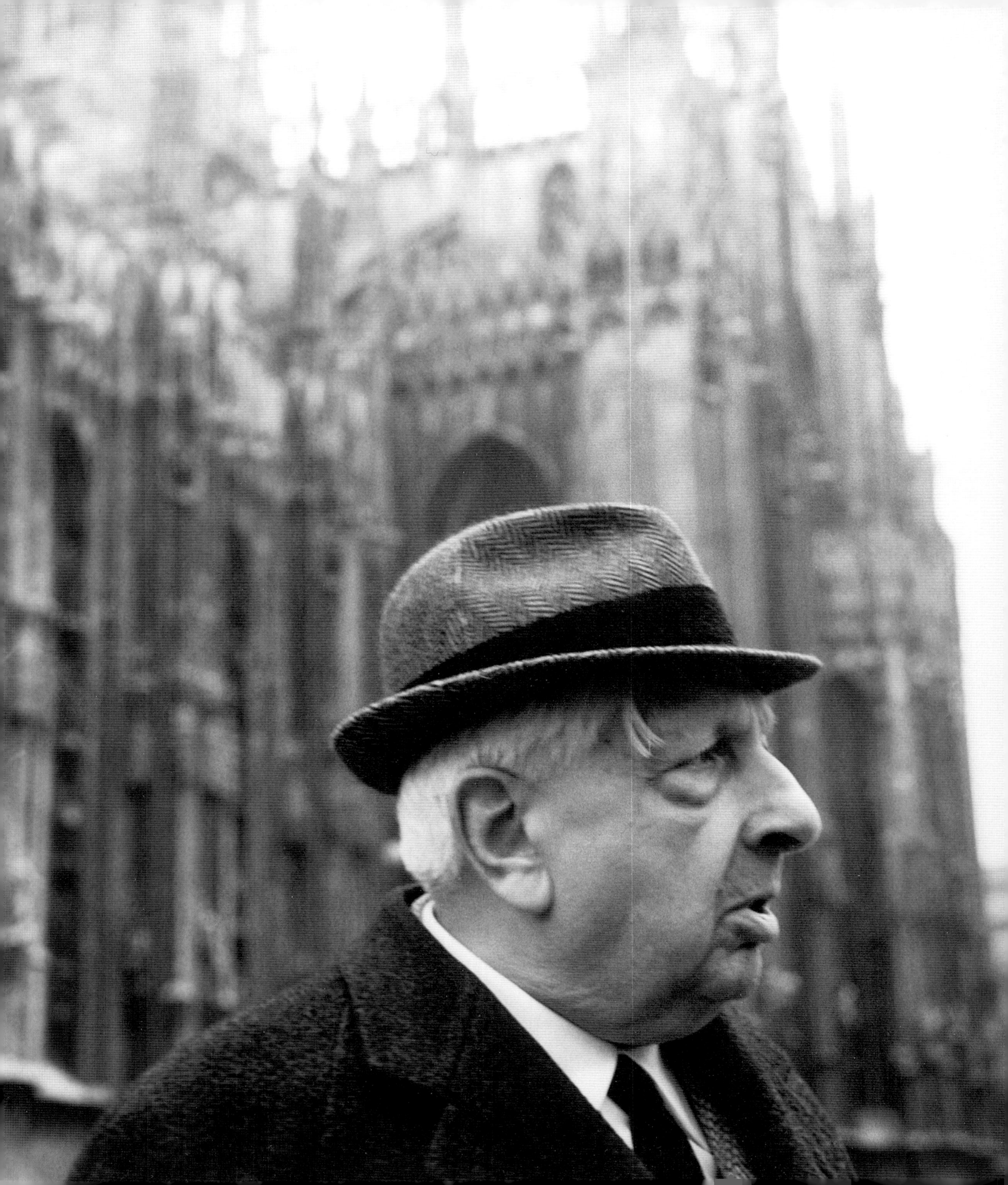

Impressum | Colophon

Konzeption und Gestaltung | Conception and Design:
Erika Schmied

Redaktion | Editing:
Petra Kipphoff

Übersetzungen ins Englische | Translation into English:
Eileen Laurie, Debbie Nicol
Übersetzung der Zitate von Eduardo Paolozzi, Jason Rhoades, Stephan von Huene ins Deutsche | Translation of the quotations from Eduardo Paolozzi, Jason Rhoades, into German: Kurt Rehkopf

Lektorat | Copy editing:
Deutsch | German: Kathleen Herfurth
Englisch | English: Sarah Tolley

Grafische Umsetzung | Graphic realisation:
Klaus-Peter Plehn, Kerber Verlag

Dank an | with thanks to:
Wieland Schmied

Gesamtherstellung | Printed and published by:
Kerber Verlag, Bielefeld
Windelsbleicher Str. 166–170
33659 Bielefeld
Germany
Tel. +49 (0) 5 21/9 50 08-10
Fax +49 (0) 5 21/9 50 08-88
info@kerberverlag.com
www.kerberverlag.com

Kerber, US Distribution
D.A.P., Distributed Art Publishers Inc.
155 Sixth Avenue 2nd Floor
New York, N. Y. 10013
Tel. +1 212 6 27-19 99
Fax +1 212 6 27-94 84

Die Deutsche Nationalbibliothek verzeichnet diese Publikation in der Deutschen Nationalbibliografie; detaillierte bibliografische Daten sind im Internet über http://dnb.ddb.de abrufbar. | The Deutsche Nationalbibliothek holds a record of this publication in the Deutsche Nationalbibliografie; detailed bibliographical data can be found under: http://dnb.ddb.de.

ISBN 978-3-86678-374-4
Printed in Germany